照片集錦

1

北海道愛奴族部落至今仍保存傳統文化與生活特色。

北海道美瑛薰衣草花田每年夏天吸引成千上萬的遊客。

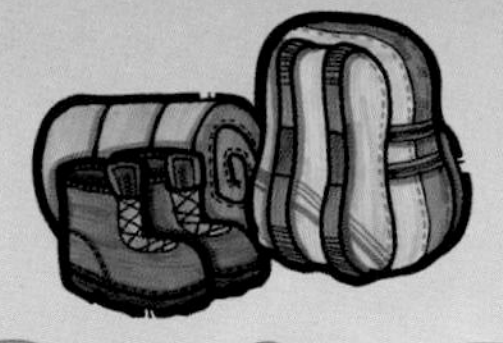

北海道幸福車站雖然廢棄，卻成為觀光景點。

北海道小樽運河充滿藝術美感，清幽恬靜。

高山市三筋町的人力車蘊含復古情懷。

日本東北松島美景被列為日本三景之一。

三島市樂壽園風景區前優雅的木製招牌，讓旅客一目瞭然。

日本中部著名的立山賞景區始終保持乾淨，遊客也能遵守遊山紀律。

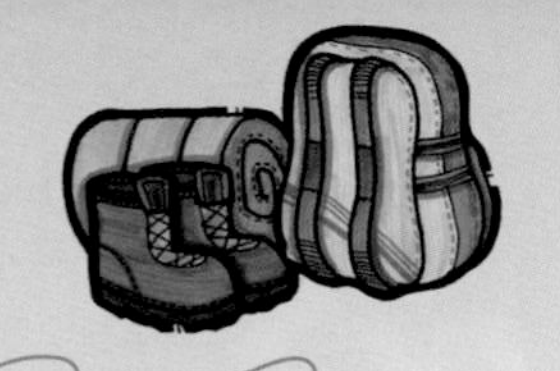

日本中山道妻籠的郵政史料館與郵局造型小巧卻迷人。

日本白川鄉合掌村被列為世界文化遺產。

名古屋城城外遊客人潮雖多一樣保持秩序。

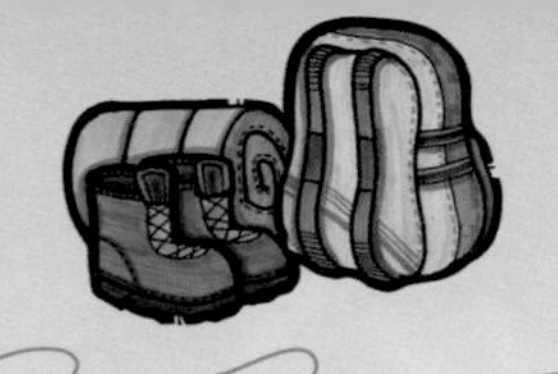

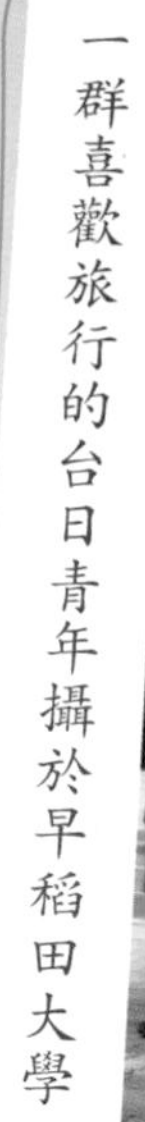

一群喜歡旅行的台日青年攝於早稻田大學。

日本長谷觀音寺的一只垃圾箱取名護美箱，反映日本人愛乾淨的個性。

三島市水岸文學步道的汲水設施具有日本文化特色。

三島市文學步道的文學碑成為觀光景點。

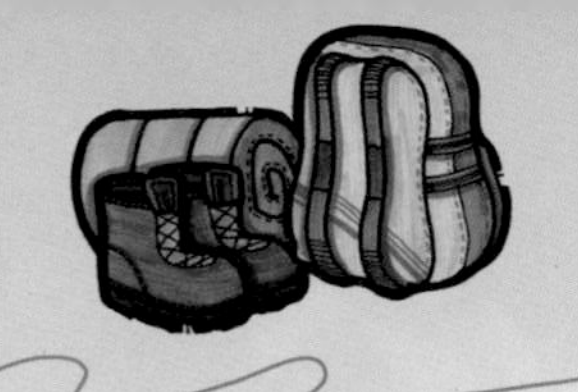

前往伊東市的伊豆舞孃號夢幻列車獨具觀光創意的向窗座位設計。

東京淺草雷門購物街廣場。

坐落在東京市區設計新潮的公共廁所。

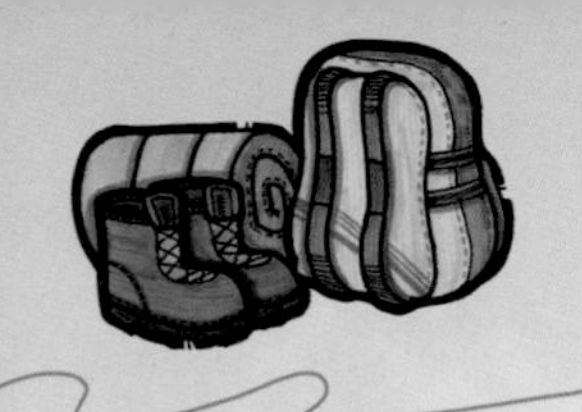

日本旅遊景點區到處架設詳盡的景點行徑圖，方便遊客按圖索驥。

精緻新鮮的生魚片是旅客至日本遊玩必嘗的道地美食。

橫濱拉麵博物館展示多樣復古的街景與童玩。

峇里島女孩為觀光客獻上雞蛋花的花環。

峇里島民為觀光客演出神話劇。

台灣桃園國際機場展示台灣生態之美。

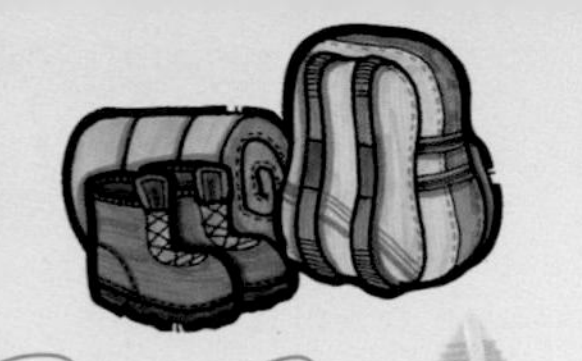

台灣鐵路局的觀光列車車身展現著名景點的觀光特色。

為台灣開啟南北快速鐵路的高鐵，大幅縮短南北交通距離。

尖石鄉泰雅族表演迎賓舞歡迎客人到訪。

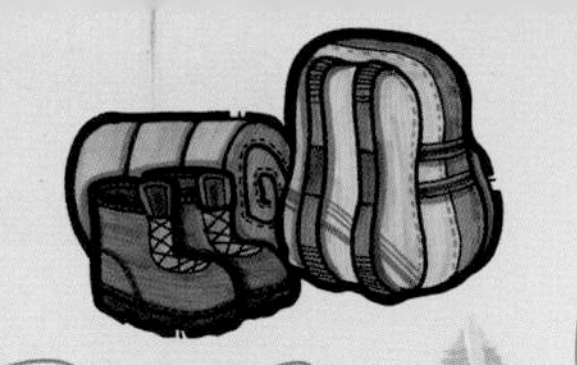

尖石鄉那羅部落的山門勇士像。

尖石鄉那羅部落的山景變化多端，十分迷人。

新竹縣五峰鄉美麗的雲霧山景。

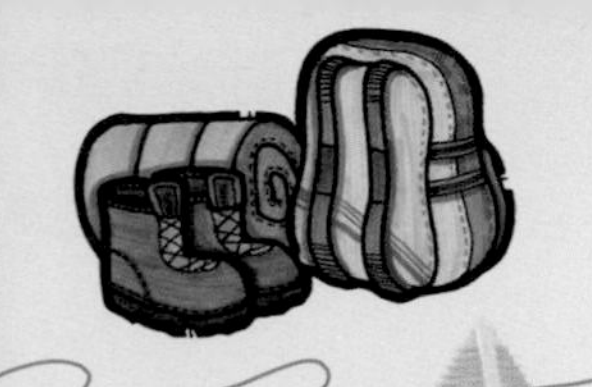

在那羅文學屋戶外教學上課的平地學童。

尖石鄉小錦屏的朝日溫泉位於溪畔，景色幽靜秀麗。

在台北迪化街霞海城隍廟舉辦的家將表演競賽。

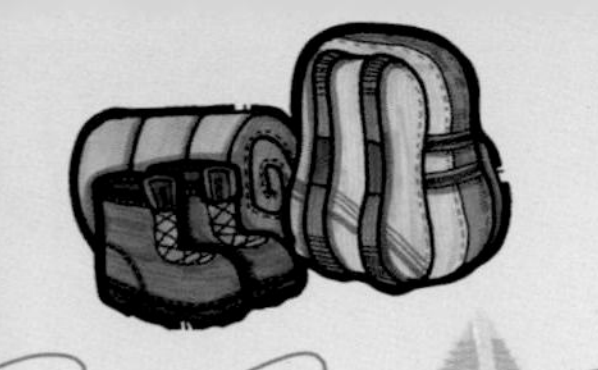

台東鹿野永安社區原住民式的民宿獨具特色。

台灣各地的廟宇香火鼎盛，民眾習慣去拜拜來祈求平安與財富。

「愛之船」與高雄愛河風光齊名，吸引無數觀光客搭乘體驗愛河之美。（圖片提供／中央社）

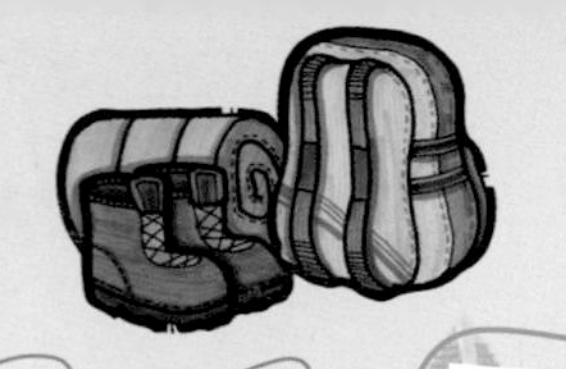

高雄縣著名的寶來溫泉休閒民宿清幽的環境。

金瓜石黃金博物園區為北部地區頗富盛名的旅遊景點。

新店碧潭使人感到悠然自得的美麗景色。

高雄左營的春秋閣為台灣南部重要的旅遊點。

花蓮市幽靜的慶修院保存日本寺院的風雅面貌。

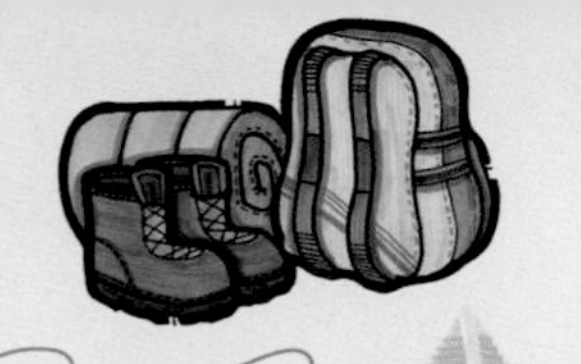

高雄捷運成為高雄地區重要旅遊運輸工具。

春秋閣旅遊區巧思的郵筒給遊客帶來旅遊驚喜。

元宵節民眾齊聚放天燈以祈求平安。

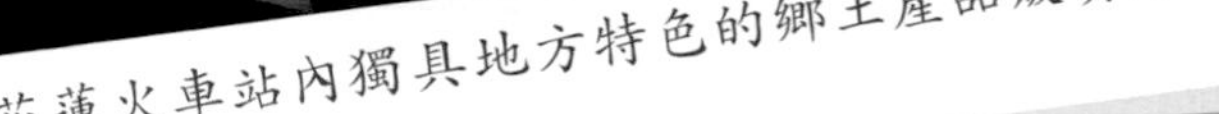

花蓮火車站內獨具地方特色的鄉土產品販賣店。

燃放鞭炮、發放壓歲錢以及品嚐年糕象徵步步高升，都是過年的習俗。

端午節的划龍舟比賽，啟發民眾同舟共濟的精神。

中秋節團聚賞月與吃月餅的活動象徵月圓人團圓。

幸福
正在旅行
驚見台灣之美
陳銘磻◎著作・攝影

目錄

教化人心 傳播台灣的愛

監察院院長

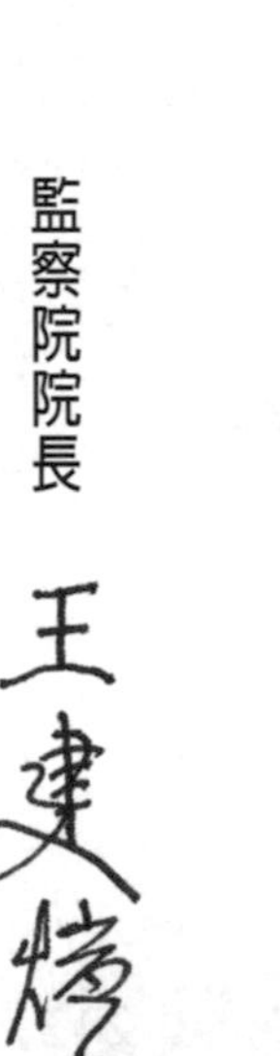

許多人早已忘記祖先們幾千年傳遞下來的美德，貪贓枉法事件的發生，讓台灣的核心價值日漸式微，也重重扼殺了台灣人民關懷社會、守護人權的理念。所以監察權的行使不再僅止於消極的懲罰而已，更應著重於最基本的發揚品德教育做起，落實廉能本質的推廣與扎根，讓台灣成為愛心之島而非貪婪之島，才是監察權積極行使的終極目標。

我國監察權的設置源自於秦漢的御史制度，數千年來，「青天御史」在平民百姓的心目中，一直是正義的化身。它在傳統中國政治中，發揮了揚善除奸、整飭綱紀的砥柱力量。而西方國家的監察使制度，則由瑞典在十九世紀初首創，扮演政府不良施政、貪污腐化的監督者，也是人民權益的守護者。

中華民國肇建之始，憲政體制中擷取傳統的御史諫官制度，設立監察院，負起彈劾、糾舉、糾正及審計等重要職責。監察權隨法令增修、政經環境變遷及全球化的腳步而與時俱進，以契合現代民主化監督政府職能的訴求，是提倡法治、維護人權、肅貪倡廉重要的機制。

過去御史諫官澄清吏治、為民平反的種種事蹟，一直在民間小說、口耳流傳的稗官野史以及戲曲中占著重要的分量，這也說明了一般平民百姓對正義的渴求，對青天御史的敬重。

今天的監察院，擔負著相同的職責。多年來，監察院的監察委員們，一直秉持戒慎嚴正的態度，執行憲法賦予的權力。一九九八年監察院組織法完成修訂，於監察院設置監察調查處協助監察委員行使監察權，這讓監察院的調查功能更臻專業而完善，民眾的權益也獲得更多的保障。

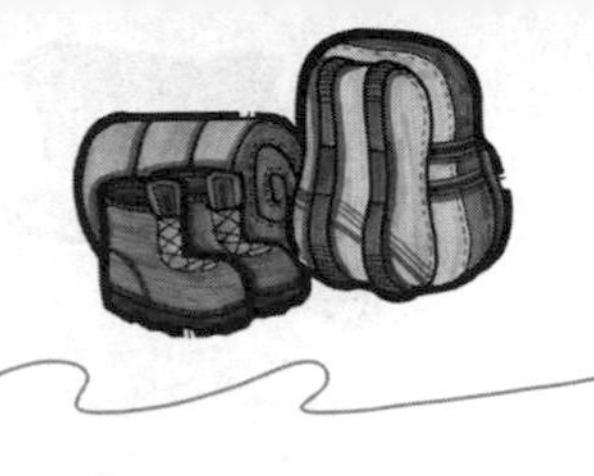

監察院每年調查的案件約有六、七百件，案件內容或為陳訴人洗刷冤屈，或在還給當事人權益與清白，或屬通案性且社會關注的重要議題。每個案件，除了有著複雜而艱辛的調查過程外，這些經由調查所揭開因不當行政而權益受損的平民百姓故事，往往也十分辛酸感人。

然而，受限於正式公文書的製作體例，審查通過的調查報告大多是精簡扼要或平鋪直敘，除了調查委員、當事人清楚箇中原委，外人多難知究竟，更無法體會其中的曲折。於是有監察委員建議：將可以對外公開的調查案件，透過作家生動的筆法，編寫成書，一方面得以留下歷史見證，一方面也可讓社會大眾瞭解監察院如何行使職權，監察院與一般民眾之互動關係，讓民眾因為瞭解進而更加支持監察院。這個監察院史無前例的建議案，獲得了一致的贊成。

但是要把這些調查、陳情案件的來龍去脈，寫成不落官方窠臼的出版物，殊屬不易。為了吸引更多讀者閱讀，因此決定以報導文學的方式撰寫，以真實的內容和生動的筆法，來表達真相。但在經費有限與合作對象難尋之下，無法將全部案例一次出版完畢，於是逐年分冊陸續出版，以供各界參考。

監察院守護台灣．守護人權系列叢書的出版，是監察院與民眾溝通的重要橋樑。我們期望這套叢書成為本院關懷台灣、保障人權典範的系列叢書。一方面，我們也希望讓社會各界瞭解，監察院全體同仁，是如何秉持嚴正態度，戮力於人權的保障；另一方面，更希望藉由這些生動故事來教化人心，使社會所有人都能從中學習到一些寶貴的經驗，不再犯相同的錯誤，喚起社會各界更積極地發揚正義與守護人權，加速人民品德教育的提升，讓我國的人權保障更臻完善，政治更加清廉，並為歷史留下完整珍貴的紀錄。

珍惜好山好水　發展台灣優質觀光

調查委員

在全球追求環境永續發展之潮流中，觀光產業如融入永續概念，則相對於石化業、水泥業……等較能達成經濟與環保兼籌並顧之事業。蓋人們樂於從事觀光旅遊之地區，多為好山、好水、優美、乾淨之處，因而使得人們樂意保護環境，以追求觀光商機。同理，保護環境除可留給後代子孫擁有優質自然資源、豐富文化資產以為世世代代永續利用之外，因環保而成就之藍天、綠地、青山、淨水、文化保存，正是吸引國內外觀光客以活絡我國觀光經濟之賣點，因而使得公、私部門皆樂意制定政策、投資經費以保護環境。因此，觀光旅遊如融入永續概念，必然可實現經濟發展與環境保護雙贏目標。

然而，由於國內發展觀光仍存在部分國人守法程度不足、交通混亂、公廁髒亂、安全管理欠佳……等負面問題，監察院乃於九十三年二月二十三日組成專案小組，針對「觀光政策與施政重點」、「觀光統計與市場調查」、「觀光業務推展情形」、「觀光從業人員培訓」、「觀光遊憩之開發與管理」、「國家級風景特定區之經營管理」、「國際觀光宣傳與推廣」、「觀

光旅遊服務」、「觀光客倍增計畫規劃及執行情形」等九項議題深入調查，完成「提升國內觀光遊憩品質與國際觀光旅遊人次執行情形檢討之專案調查研究報告」，函請行政院針對所列缺失督導所屬改善，以確保國家持續擁有優質觀光資源，協助活絡觀光產業，增進國人就業機會。

由於該報告為官方文書，所用文字多涉及專業名詞及法律條文，一般民眾不易知其專業意義，為使報告廣為民眾週知，共同配合政府發展觀光，並持續督促有關機關持續改善，本院乃委請專業作家陳銘磻老師，以其平易近人、賞心悅目的文筆，將報告以文學報導方式改寫成簡淺易懂之《幸福正在旅行—驚見台灣之美》一書，提供各界欣賞參閱。

期盼本書之出版，能引起社會各界持續關注我國觀光之發展，使歷年存在問題得以加速解決，進而創造、維護我國優質之觀光環境，提高全民之福祉。

旅行的見聞與心得

陳銘磻

從研讀監察院調查委員柯明謀、李友吉、李伸一、林將財、黃守高、詹益彰、趙榮耀，以及協助調查研究的鄭旭浩等人，鉅細靡遺調查與撰寫名為〈提升國內觀光遊憩品質與國際觀光旅遊人次執行情形之檢討專案調查研究報告〉的專文中，所提出的觀光政策與施政重點、觀光統計與市場調查、觀光業務推展情形，以及觀光客倍增計畫規劃及執行情形等，當前台灣觀光旅遊所面臨的重大問題時。對於一個喜歡旅行的人來說，我的確產生心有戚戚焉的相同感受。

藉由寫作這個主題的同時，我將個人與友人經常出遊日本的見聞與心得，以及所見日本觀光旅遊的長處，拿來和當前台灣觀光旅遊業所面臨的問題做一深度比較：一方面見證台灣在發展旅遊的態度、企劃執行與行銷能力上，未夠周詳，另方面更期盼民眾發揮公共道德的潛心，共同維護台灣成為真正美麗寶島的美譽。

寫作期間近半年多的時間，我個人適巧同時又擔任大愛電視台「發現」節目的主持人工作，這個以報導台灣平民生活與歷史文化為主軸的節目，使我有更多的機會跟隨外景隊穿梭在台灣南部地區的大小鄉鎮。能夠仔細的瀏

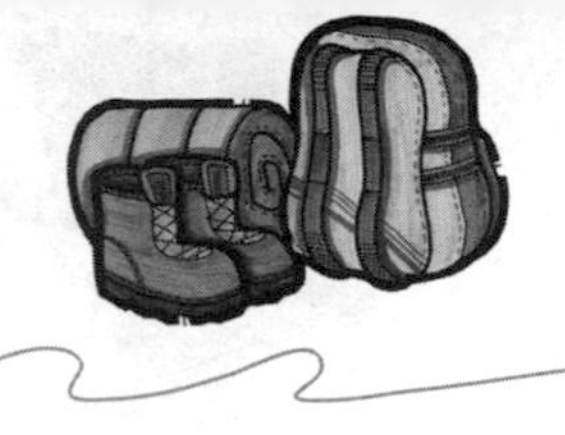

覽台南縣東山鄉、白河鎮、鹽水鎮、佳里鎮等地的廟會文化；回顧高雄縣左營舊城與鳳山新城的歷史發展；以台南市為出發點的台20線公路所延伸出來的新化、左鎮、玉井、甲仙、寶來、桃源、梅山、天池、啞口、利稻、新武、德高、關山，這一條名為南部橫貫公路，沿途美麗的湖光山景、布農族部落文化的歷史發展；甚而，深入探究台南、嘉邑和台北新莊地區的八家將、什家將和官將首的將團文化發展；金瓜石和九份的黃金傳奇與礦山之美，以及台北萬華青草巷的庶民文化特色，所延續發展的人文之美。

電視節目的報導與採訪過程，我以個人深沉的心思去領會所到之處看見的風景，這些象徵著台灣之美的生動景致，每每使人流連不已，我不禁讚嘆台灣真是個美麗的寶島，這個寶島的山林水景與人文風華並不會輸給日本，但觀光旅遊的盛景卻始終無法成為國際間的焦點，連旅客也難以突破來台觀光旅遊更高的人次。

看待觀光旅遊這個大題目，實在很難就某個地區的旅遊情景來斷定整體旅遊現象，而監察院的委員們聯合組成專案調查研究小組，為台灣當前的觀光遊憩品質與國際觀光旅遊人次所做的深入調查報告專文，正好提供喜歡旅行的人提供有利的參考，並做為瞭解台灣觀光旅遊所面臨的實質問題所在。

人人喜歡旅行，喜歡離開習慣生活的小圈子，走向大自然，走進另一個原本不熟稔的新環境、新景點，見聞更多新的生命態度。

旅行，成為人生極其重要的生活方式之一。

旅行中，這些人必然會驚異的發現台灣之美，見識台灣人的熱情，卻也處處遇著在台灣旅行的不便與失落。

這一本《幸福正在旅行—驚見台灣之美》的書，主題與內容以監察院的委員們調查的重點為依據，我順勢從個人長年旅行日本與台灣的經驗中，提出相對於發展旅遊必須關注的一些議題，同時藉由許多專家學者以及旅行社業者的專業論點，為這個議題提出說法與說明，見證國內觀光遊憩品質，確實需要加強改善，並逐一檢視台灣旅遊業與國民旅遊所面臨的各項問題。

雖然其中部分議題經由監察院調查委員提出調查改進意見後，也確實執行改善，如：龍潭鄉公所推動「遛狗繫狗鏈，隨手清狗便」的宣導（見p.43圖）、教育部訂定品德教育推動方案，積極推動公民道德教育，期使喚醒國民在旅遊時能重視旅遊素養；茂林風景區與桃竹苗新興旅遊線的聯外道路興建也已逐步完成整建工程；環保署對於推動公廁整潔品質、改善風景區狗便污染環境衛生、假期外出旅遊不製造垃圾等清理維護工作，也已建立分級制度的方式加強管理；觀光局甚至推動「整備環境拚觀光」的宣傳，呼籲國人重視旅遊環境的整潔。

然而，龐大的觀光旅遊議題，仍存在著諸多需要國人配合改進的地方。

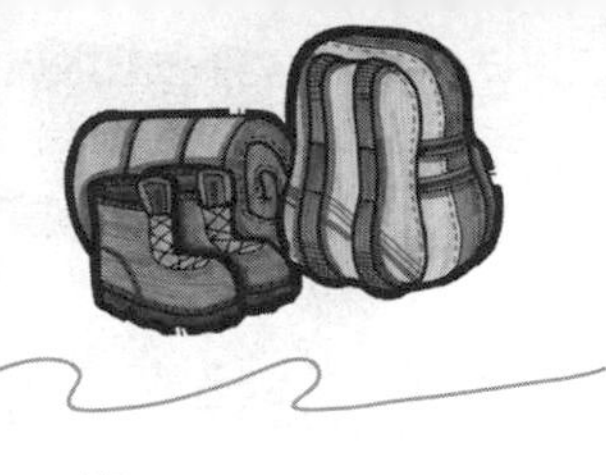

所幸，監察權的行使已逐漸扮演道德教育平台，循序提升國人觀光道德，加上觀光局接續辦理「旅行台灣年」等政策，台灣觀光旅遊發展將在政府與民間合作無間下，展現出更好的品級！

感謝監察院調查委員趙榮耀、李伸一、林將財、詹益彰等人受訪，提供寶貴意見，讓本書所提問題愈發明晰，以期促使主管觀光旅遊的政府單位與旅遊業者，潛心針對問題大力改善，重建觀光旅遊生態一個優質的環境。

〈啟程〉台灣觀光旅遊的形象與特色

台灣觀光旅遊的產能和價值，到底在那裡？台灣觀光旅遊的形象和特色，又是甚麼呢？

如果說，台灣的物價消費低、名勝古蹟多，是她觀光旅遊的產能和價值；或者台灣的人情味濃、小吃獨具特色，即是她觀光旅遊的形象和特色，那麼，台灣的旅遊價值和特色的可取代性就太高了。

假設以一個外國人的角度來看，要體驗千古文明、奇山異景，可以選擇到中國大陸、埃及、希臘或中南美洲；要感受世界先進都市的發展與進步，可以到東京、巴黎或紐約；要品嘗美食、海洋玩水，可以選擇到泰國、普吉島或帛琉；要渡假休閒，則有峇里島、愛琴海、新加坡等，有太多的景點可以供做選擇，不一定非到台灣來不可。台灣的優勢，外國許多景點也都具備了。

如此說來，我們希望外國旅客來到台灣，到底能看到甚麼？玩到甚麼？做怎樣的休閒？我們有甚麼值得觀光客認定非來不可，甚至讚不絕口的旅遊特色和價值呢？

發展觀光旅遊的過程中，我們的觀光旅遊基礎建設，包括交通、景點、環境衛生、街景、人民迎賓語言、友善迎賓路標等，已經改善、準備妥當了嗎？觀光旅遊的產能、形象與特色是不是完全建立與確定了？

觀光局曾經以藝人金城武、F4、飛輪海等美男團體為台灣在日韓的觀光代言人；張惠妹、吳念真、蔡依林為台灣在東南亞地區的代言人，甚至有人建議以王建民做為台灣在歐美地區的觀光代言人，並強調用「王建民的故鄉—台灣」為宣傳主軸。然而要是真的能聘請到王建民來做台灣的觀光代言人，就可以保證來台

旅遊的外國旅客，每年達到五百萬人次嗎？還是問題根本不在於是王建民、蔡依林，或是任何一位具有號召力的藝人，來為台灣的觀光做代言？

雖然觀光局曾表示，F4代言台灣觀光時，相較前一年為台灣賺進十一億元以上的觀光收益，日韓兩國來台觀光人次分別成長了〇．四二%與十五．〇六%，達到一百三十九萬二千一百九十四人次，但是台灣的觀光旅遊品質未見實質改善，才值得重視。

那麼，台灣的觀光旅遊問題，到底出在那裡呢？

台灣的觀光旅遊事業是要做「國內人的旅遊」或「國外人的旅遊」？還是本國人和外國人的旅遊全部包攬呢？儘管話是這麼說，台灣許多地方政府，只會把觀光做成「國內觀光」，例如「國際童玩節」、「國際面具節」等，以為冠上「國際」兩個字，便是做到觀光國際化，能吸引大量外國觀光客來台旅遊、參訪。

事實不然，台灣許多為吸引遊客而舉辦的「國際性」活動，並未因「國際」二字而引來更多外國觀光客。

二〇〇八年二月二十五日，《中國時報》頭版新聞登載了一篇標題叫〈觀光客不愛台灣Why〉的報導，這一篇以探討台灣當前觀光旅遊現狀的新聞報導，當頭棒喝地提出了令人驚心的話題，而這些話題又如此適切的揭示，台灣觀光旅遊沉積已久的諸多問題。

這一篇報導如此敘述：

> 農曆大年初五，冷雨連綿，亞洲最大郵輪「海洋迎風號」在春寒中載著近七百名大陸旅客駛抵基隆港，幾十部遊覽車浩浩蕩蕩，帶著這批號稱史上最大的陸客團到台北一日遊。

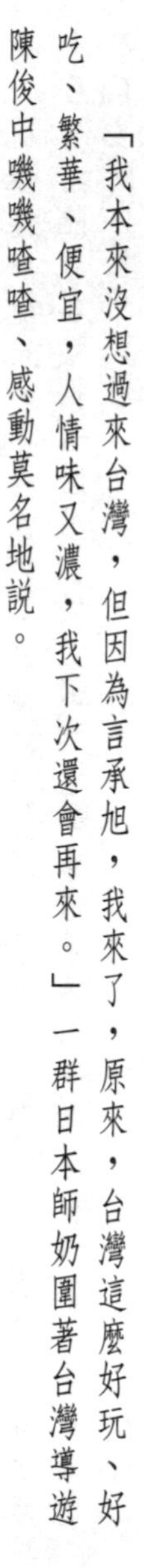

「我本來沒想過來台灣，但因為言承旭，我來了，原來，台灣這麼好玩、好吃、繁華、便宜，人情味又濃，我下次還會再來。」一群日本師奶圍著台灣導遊陳俊中嘰嘰喳喳、感動莫名地說。

然而，這一切又似乎只是一時的熱潮，新聞吵幾天，不是煙消雲散，就是後繼無力。

行政院將今、明兩年定為「旅行台灣年」，計畫投入新台幣十億元，以二〇〇九年來台旅客四百二十五萬為目標，預計創造觀光外匯收入一千九百二十一億元。

然而，二〇〇四年政府也曾推出「五年五百萬觀光客倍增計畫」，預定二〇〇八年來台旅次可達到五百萬人次，二〇〇七年的觀光目標人次則為四百萬；去年初，交通部將來台旅客下修為三百七十五萬人次。結果，去年來台旅次僅為三百七十一萬六千人次，修正後的觀光旅次目標仍未達成。

觀光業者估算，若以每名旅客來台旅遊五天，每天花費以一百美元計算，少了一百二十八萬多人次，一年的觀光收益就少了台幣一百七十多億元，台灣經濟發展當然受波及。

鑒於觀光產業在全球社經發展的重要性，世界經濟論壇去年發布第一份包含全球一百二十七個國家及經濟體的觀光競爭力指標；全球觀光競爭力排名一至五名的國家依序為瑞士、奧地利、德國、冰島及美國，台灣整體觀光競爭力指數名列第三十，屬中上波段，在亞洲地區次於香港、新加坡及日本。

上順旅行社董事長李南山表示，觀光局層級太低，專業人才不足，推動台灣觀光無法全國一起動起來，簽證、航空、捷運、鐵路、巴士等，外國旅客來台不易，跨部會協調力不足，就連國際宣傳費也不到馬來西亞的五分之一，如何和其他國家競爭？

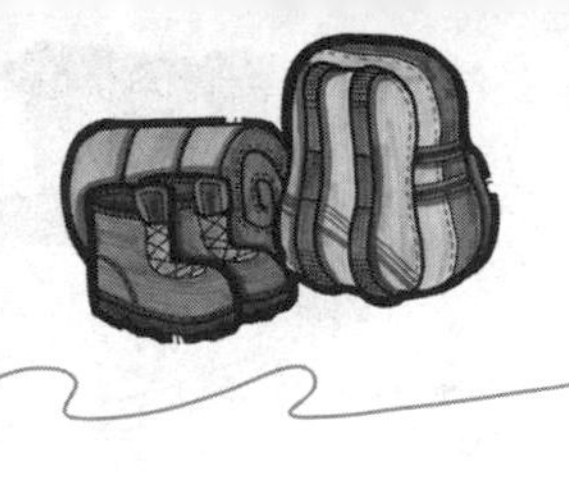

「泰國有皇宮、普吉島，法國有凡爾賽宮、艾菲爾鐵塔，西班牙有聖家堂，台灣卻徘徊在美食、一〇一、燈會等之間。」旅行同業公會全聯會理事長姚大光指出，台灣觀光口號「touch your heart」流暢又動聽，卻不知道用what感動他人來台觀光？

姚大光表示主辦宋江陣、跑水季等政府各單位及各縣市紛辦節慶、活動，卻沒有結合旅行專業規劃行程，尋找國外觀光客；每年花新台幣上百億元的活動費用，變成各地市集，無法形成氣候，只是自己人爽。

金界旅行社董事長張李正琴指出，俄、法、德、印度等國語言的導遊嚴重不足，餐廳食物的標示不明，讓嚴禁吃豬肉、豬油的中東旅客卻步，連膜拜方向都難找，這些出手闊綽的中東、印度客，把台灣排除於旅遊區域外；台灣推展觀光，軟體服務還沒準備好！

明利旅行社副董事長許晉睿表示，台灣觀光政策不明確、不明顯，影響國內外業者的投資意願，國際級渡假村、主題樂園、觀光飯店捨台灣而選擇香港、澳門及大陸。

姚大光補充說，大陸客不來，日月潭的郵輪載誰？政府觀光政策不穩定，業者擔憂，不敢蓋飯店、買飛機等，台灣觀光產業投資緩慢。

前交通部常務次長、現任中華大學校長張家祝指出，觀光客大致可分為觀光及商務兩種旅次，因兩岸特殊情感，純為來台觀光，大陸客將是最大市場；而台灣經濟發展衰退，亞太空運中心、轉運中心、金融貿易中心等計畫無法實現，商務旅次減少，會展產業無法開展，附帶觀光效益不如預期。

「台灣的觀光優勢也是台灣的觀光劣勢」。許晉睿指出，未來一、二十年，大陸旅客將是觀光客的最大出口國，而大陸客最大意願就是到台灣觀光，其他國家花了龐大的國際宣傳費，觀光效益可能都還不如不須吹灰之力的台灣。

「兩岸通航、開放觀光，便捷交通，才能吸引商賈雲集的北京、上海商務旅次到台灣觀光。」張家祝語重心長的表示，台灣的歷史、人文及自然景觀等無法和他國相較，但台灣的醫療技術、科學園區、中小企業發展經驗、世界各國美食等都具有國際級水準，而吸引非觀光目的的旅客來台，只有在交通便捷的情況下才能達成。

《中國時報》這一篇專題報導所呈現的台灣觀光旅遊的嚴重問題，正與監察院於二〇〇五年一月，由監察院調查委員柯明謀、李友吉、李伸一、林將財、黃守高、詹益彰、趙榮耀，以及協助調查研究的鄭旭浩調查官等人，在名為〈提升國內觀光遊憩品質與國際觀光旅遊人次執行情形之檢討專案調查研究報告〉的調查專文中所提出的當前台灣觀光旅遊所面臨的問題十分接近。其中包括觀光政策與施政重點、觀光統計與市場調查、觀光業務推展情形、觀光從業人員培訓、觀光遊憩之開發與管理、國家級風景特定區之經營管理、國際觀光宣傳與推廣、觀光旅遊服務，以及觀光客倍增計畫規劃與執行情形等。

監察院的這份調查報告與《中國時報》的這則新聞報導，在在凸顯出台灣的觀光旅遊的確出現許多問題。從調查報告中呈現的統計數據，可以反映出這些年來，選擇到台灣旅遊的外國觀光客不增反減；國人出國旅遊的總人數，遠超過國外來台旅遊的觀光客，以及國人到本國風景區觀光旅遊的興趣缺缺等。明顯的數據，翔實的說明出台灣的觀光旅遊存在著諸多急需改進與改善的地方。而今，開放大陸觀光客來台的政策雖然已於二〇〇八年十二月鬆綁放行，兩岸直航正式啟動。台灣觀光旅遊績效可否彰顯，只能留待日後「觀察」了。

由於來台的外籍觀光客不斷減少，交通部觀光局局長賴瑟珍已決定下修二〇〇八年的「觀光客倍增計畫」，將原預計吸引外籍五百萬人次觀光客，下修為

四百萬人次，約少了一百萬人次，若以每名觀光客來台五天，每天花費一百美元計算，預計將會短少新台幣一千六百三十億元的收入。

賴瑟珍在觀光局的網頁裡提到，觀光客倍增計畫是二〇〇二年所訂定的，預計從二〇〇二年的二百九十幾萬人次旅客，每年以增加四、五十萬名旅客的方式，在二〇〇八年時預計達到五百萬人次來台觀光。這項計畫在二〇〇三年時，因為受到SARS的影響，全年只來了二百二十五萬人次旅客，根本未達預期的二百九十八萬人次。二〇〇四年雖然回溫達二百九十五萬人次來台旅遊，但人數仍未達預期的三百多萬人次。

按照觀光局的統計，二〇〇五年來台的觀光人數，計有三百三十八萬人次，二〇〇六年為三百五十二萬人次，二〇〇七年一月到九月來台的人次則有二百七十萬人次。因此觀光局決定下修二〇〇八年度的標準，從原來的五百萬人次，下修為四百萬人次，約減少了一百萬人次。

觀光局的網頁又提到，二〇〇三年時，台灣觀光市場主要受到SARS事件的衝擊，第二季人次大幅減少；惟自二〇〇三年七月五日台灣地區從疫區除名後，在政府及民間業者積極合作，展開各項觀光促銷措施及宣傳推廣計畫下，國外旅客來台的人次也已經逐漸復甦。

受到SARS的影響，固然是一次性的問題所在，但絕對不是觀光旅遊長期性與整體性衰敗的理由或藉口。

綜合《中國時報》在上述〈觀光客不愛台灣Why〉的報導，以及同版的另一篇題名叫〈寶島樣樣一級棒卻少人來Why〉的報導中，一樣能清楚的發現，台灣觀光旅遊競爭力衰退的原委，這一篇新聞報導如此說道：

「台幣一百五十元至一百七十元就有麻油雞、麵線及炒高麗菜，而且吃得很飽，每個日本來台旅客都很滿意。」主要經營日本及韓國旅客來台觀光的新亞旅行社副董事長張政美指出，台灣城鎮方圓一百公尺內就有吃的地方，價格又比日韓便宜，有利吸引外國旅客。

交通部觀光局統計指出，每一百名來台旅客就有四十一名旅客逛過台灣的夜市！逛夜市，從二〇〇三年起，連續四年成為外籍旅客來台的主要旅遊景點，在大陸客當中更高居第一名。

歐美人士來台，對台灣讚不絕口的也是美食！國內經營歐美旅客來台大宗的金界旅行社董事長張李正琴指出，台灣故宮保存的文物比大陸故宮還豐富，一直是吸引偏愛中國文化的歐美旅客最大的賣點，歐美客來台後，對於台灣充滿活力的社會，大為驚訝。

「吃完晚飯後，外國旅客可以選擇泡溫泉、SPA、逛夜市、馬殺雞、腳底按摩、唱KTV。」張政美表示，台灣生活多元又精采，二十四小時都有活動可以參加，來台外國旅客都很高興。

中華民國旅行商業同業公會全國聯合會理事長姚大光指出，台北捷運網路形成，治安不錯，亞洲旅客來台自由行、趴趴走，不必擔心安危，全台兩百多個溫泉點，每個縣市都可提供旅客泡湯紓壓，鐵公路航空等交通網路四通八達；台灣旅遊環境好，不必有大山大水，對於外國觀光客仍是魅力無窮。

在世界經濟論壇進行的世界各國觀光競爭力評比中，缺乏世界級遺產、自然景觀，被列為台灣競爭力的最大弱勢。但事實又似乎未必如此。

「二十分鐘內就可以從山邊到海邊，三千公尺以上高山，一百五十公里方圓內，台灣超過一百座，山景、海景、湖泊，台灣旅遊輕鬆，一次看個夠。」曾任領隊協會理事長、台灣招攬歐美旅客的重要旅遊業者—上順旅行社董事長李南山

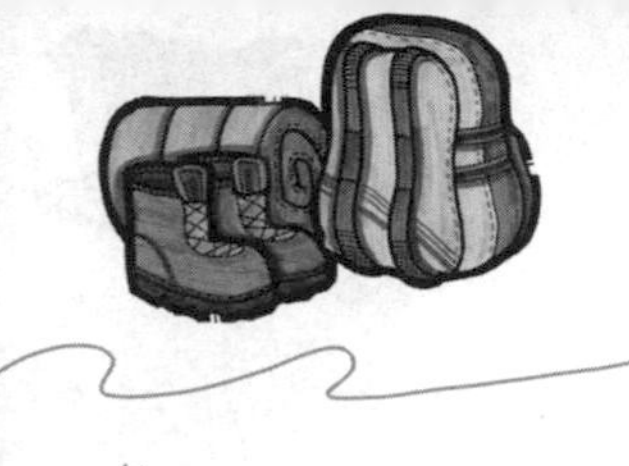

以自己的經驗說，法國旅遊局的亞洲區負責人及瑞士友人都驚嘆於台灣自然景觀的豐富性及便捷，何必一定要有高山大川？

前交通部常務次長、現任中華大學校長張家祝指出，台灣的治安佳，衛生環境不錯，人情味濃厚，服務業多樣化且水準高，讓沒有悠久歷史名勝或磅礡自然景觀等觀光資源不足的台灣，仍可和世界各國拚觀光。

「台灣民眾的文化素質在華人世界中數一數二，人情味讓台灣的觀光環境更貼近外來遊客。」亞都麗緻集團總裁嚴長壽說，台灣具備了安全、舒適、悠閒且多樣的旅遊環境，不僅團體旅客放心來台觀光，年輕的背包族或是自由行旅客，也都可以輕鬆來台旅行，這就是台灣觀光的優勢及競爭力。

另一篇題名叫〈行銷策略整合不足Why〉的報導，《中國時報》的記者一樣從訪談中提出關於行銷觀光旅遊的寶貴意見，這些實質上的關鍵性問題，也正和監察委員在〈提升國內觀光遊憩品質與國際觀光旅遊人次執行情形之檢討專案調查研究報告〉所提出的見解一樣。

這一篇新聞報導如此說道：

世界最大旅展之一的柏林旅展，即將登場，交通部觀光局和旅行業者組成宣傳團隊前往，不過，台北故宮博物院與一〇一都缺席了。宣傳團隊隊長金界旅行社董事長張李正琴憂心的說，台灣各單位未能整合，少數具特色的台灣建築或標的都無法配合，行銷台灣觀光困難重重。

張李正琴指出，行銷台灣，除中央政府及觀光局必須努力，民意代表也應該體會及瞭解，給予支持，全國以推廣台灣觀光為首務，且因為觀光是一種活動，必須透過專業宣傳，尤其須藉由當地公關的協助，以針對不同的市場特性，提出

不同的行銷宣傳手段。

例如，日韓兩國有F4代言台灣，東南亞市場則找來蔡依林及吳念真，歐美市場卻無台灣代言人，張李正琴建議找李安、林懷民等具世界知名度的藝文人士，以符合歐美人士熱愛中華文化的興趣。

張李正琴指出，觀光局在德國、法國及英國等地尋找當地公關公司時，受限必須援用台灣政府採購法公開招標，繁雜且刻板的程序，讓外國著名的公關公司望之卻步。

經營馬來西亞、新加坡等東南亞國家旅客來台的明利旅行社副董事長許晉睿表示，台灣觀光包裝及宣傳不夠，外籍航空公司不願飛行台灣航線，外籍過境或觀光旅客不來。

以新加坡為例，兩天內旅遊景點即可全部瀏覽一遍，但去星國的外籍旅客還是源源不絕，原因就是航班多、旅行方便。

許晉睿指出，台灣自然景觀、人文歷史、美食娛樂都多於港、澳地區，但旅遊商品包裝卻不如港、澳，導致許多外籍旅客選擇到港、澳而不到台灣旅遊。

經營歐美外籍旅客來台的上順旅行社董事長李南山表示，旅遊就是滿足人類的好奇心，因此，對於歐美長途旅客，台灣應打出港澳台區域旅遊的口號，以獨特的區域合併行銷觀光，這就是猶如當年的歐洲全覽、法德奧、新馬泰等旅遊商品，待旅客認識了台灣，再推出精細的台灣旅遊產品。

李南山指出，國內旅行社中，經營外籍旅客來台者僅占五％，原因和獲利率有關；政府對於國外觀光的行銷少，旅行社營運成本高，業者經營外籍旅客來台業務意願低，台灣旅遊市場萎縮。

李南山說，政府應該先重點扶植旅行業者經營外籍旅客來台業務，增加業者獲利空間，旅行業就會競相投入行銷及包裝台灣的觀光旅遊市場。

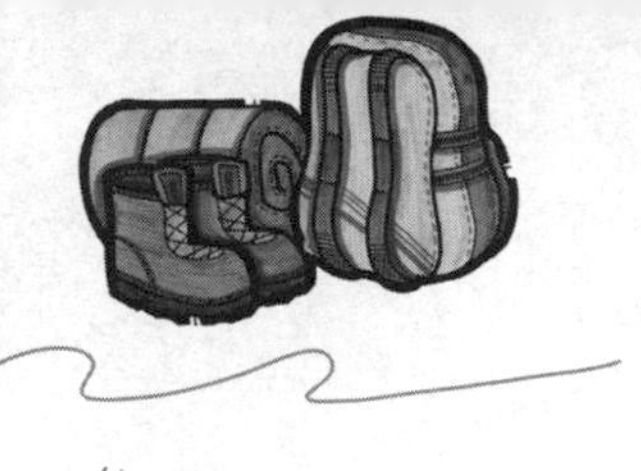

《中國時報》在一連串的報導中，不僅一針見血的提出台灣觀光旅遊所面臨的最大困境，無疑的，關於觀光旅遊的市場問題，更能見證監察院對這些問題所提出鞭辟入裡的看法。

本書即針對監察院調查委員柯明謀、李友吉、李伸一、林將財、黃守高、詹益彰、趙榮耀及協助調查研究的鄭旭浩調查官等人提出的〈提升國內觀光遊憩品質與國際觀光旅遊人次執行情形之檢討專案調查研究報告〉做為依據，逐一的在他山之石可以攻錯的論點上，藉由一群喜愛旅遊的台日青年從旅行日本和台灣之間，發現日本觀光旅遊的特質與特色，進而深入台灣經典農村、山區名勝等地旅行。本書對於台灣美景以及觀光產業所面臨的問題，加以詳述，並提出相對看法，以供各界致力提升台灣觀光旅遊品質，協助實現觀光客倍增計畫參考之用。

幸福駅
幸福駅

第一篇 他山之石 經驗傳承

第一章 從旅行中發現新天地

當心情抑鬱或壓力過重而導致身心疲累的時候，大部分的人都會想到去旅行。藉由旅行過程中抱著了無牽掛的心情，在彷如行雲流水般的情境裡，削減掉情緒低潮帶來的憂鬱與困窘。想去旅行的理由，人人不同；有人只是純粹為了去玩，有人想從旅行中得到知識或見聞的增長，有人更想從旅行的過程，讓身心獲得短暫的休養和調理。

理由雖然不同，總是想著暫時離開熟悉的舊人、舊事、舊物，然後去到一個新奇、有趣或使人感動的所在，會見一切鮮明新境，這才是旅行者共通的目標。旅行者從某個陌生的田野山徑，看到遠處陽光輝映出閃閃金光，將會感受到造物者為心靈帶來神奇般的清明境域。當旅行者走在一條陌生的異國小巷弄，看街景展現出來的建築景觀以及生活文明，必然樂於讓自己從各種好奇的探訪裡，一知半解的開化原本不明的知識領域。

陌生，是旅行最初的憧憬，也是疑竇的開始；陌生能夠為旅行時的心靈衝擊或行動冒險，帶來更多出其不意的驚心。同時，驚覺人畢竟是渺小的，驚疑渺茫的世界竟然存在著許多過去我們所不知不解，或難理難解的奇人異事與驚喜，所有經由旅行得到的知識與智慧，遠比沒有旅行時，來得具體而富於意義。

重要的是，當旅行成為一種習慣、一種喜愛或嗜好時，人容易變得更加開朗

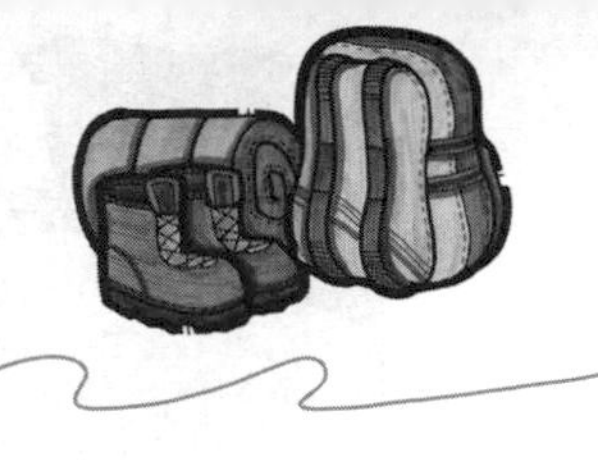

與開明；一位喜歡旅行的人，必定是一位博覽見聞的智者，人們樂於從這種人身上看到生命的華光，以及明燦的生活見地，這種人活在豐盈的人生裡頭，世界對他而言，是真正可愛又珍貴的地球村。

人生本來即是一連串旅行冒險的讀本，人們從冒險中嘗遍生命的酸甜苦辣，以及未知世界的多樣面貌。冒險，使人跌倒、爬起；也使人從中學習到神奇生命的百般況味，人們將從這些況味裡不斷成長。

閱讀旅行　夜讀旅情

可以這樣說，每一個人身處的生活或工作環境，畢竟有它自然形成的「畫地自限」的無知與迷茫，這時，從閱讀青山、閱讀民風、人情，閱讀一頁頁為人類所寫的生動風景，這些所見所聞，有時會被形諸文字、有時烙影在相片裡，然後成為學習人生的一大課題。

旅行的確可以讓人眼界洞開，人們將從這種獨行式或團體式的活動期間，精巧地看見內在底層，那個模糊不清的「我」，和那個處處自以為是的「我」，原來不過如此幼稚與渺小，同時，明心見性地讓人讀到那些被自己的無知蒙塵封鎖許久的「神聖的我」，以及看到旅行中，那個逍遙自在的「真我」。

透過旅行的方式，人們將從閱讀機艙座位前，電腦螢幕標示的空中氣象和行徑圖開始，一路遵循既定或未定的目的地，閱覽未知和想像的旅程，所有異鄉他

國，不同文化與不同民情帶來的驚嘆和欽羨。

於是，人們在旅行的路上不斷學習新知，也不斷從見聞裡拋棄個人的偏執和愚昧。

景點旅行和生命旅行，本質上毫無二致，就這樣，人們實則已經從景點旅行裡，參與了個人的生命之旅，也一樣從人世間的生命之旅，走進景點之旅的百種滋味。

生命之旅是人生唯一的世間旅程，在這段旅程裡，每一個人將遇見許多人、撞擊許多事，人們必須在所識與未識的這些人事身上，學習到跟別人相處、交往，然後不斷展開人生態度。

景點旅行何嘗不也如此教育人們，如畫軸般不斷延展的各種不同據點的旅程，其實，充滿著如人生歲月相同境域的不明確與可變性。

雖然旅行中很少有更多的時間，讓旅人深入的走進目的地的裡層，去探訪或玩味屬於他國異鄉人的生活與文化況味，隨團旅行如此，自助旅行也可能如此，走馬看花、霧裡看花，甚至隔山看花，隨意型的旅行，使旅人在上車睡覺，下車尿尿中失去了賞玩文化的機會。

有人卻樂於把旅行當成休閒生活的一環，甚至，有人把旅行當成散心看待，更有人把旅行當成一種「無可救藥的旅遊上癮病態」；儘管每個人旅行的目的和意義不同，暫時離開住處，離開舊有的生活氛圍，用快樂或新奇心境，去到任何一個陌生的國度，接受新鮮事或新奇文化的感染，旋即成為多數人旅行的最大願景。

閱讀旅行，夜讀旅情，正是展讀自己人生的多重興味。

事實上，就在旅行的經驗裡，充滿著許多與人相處的趣味，有人喜歡從人身上表現出來的意識，看到善與貪、惡與喜的種種心念，這種毋需經過語言、文字的交流方式，更能獲取人性姿影中，最精采的多面了。

閱讀旅行，其實正是閱讀每個旅行者，心底那個「我」的開始。

年輕冒險填補生命憧憬

有一群喜歡玩味旅行和閱讀旅行的年輕人，他們把旅行當成汲取生命經歷，以及結交朋友的生活方式。同樣的，也認為這是生活中不可或缺的好玩滋味，不論在本國旅行，看歷史遺跡、賞高山風花雪月、下鄉走訪經典農村的建設風貌；或者遠赴日本、非洲，甚至以中國的新疆為旅遊主題，一探回族人在大草原上游牧的生活面貌，以及眺望受到大自然影響而創造出來的文明奇蹟，草原、沙漠，或者是高山峻嶺，都能成為旅行者眼下一道道炯炯發光的彩虹。

許多新鮮奇異的文化特質都一一展現在旅途中，許多不可思議的奇觀大景都烙印在心底，旅行者用纖細的思維，觀察並記錄被寫入久遠傳說的故事，以及不被外人知曉的許多趣事；順著那些使人品味不已的文化特質，從透過旅行時拍

攝精緻的圖片裡，看到一幕幕教人感到神祕的日本立山傳奇、台灣玉山大自然生態傳奇、非洲撒哈拉沙漠傳奇，中國天山傳奇，以及更多古文明所帶來的新奇事物。

穿透寧靜的專注，走在失去方向的地平線上，旅行者用優遊的心情，看待天馬在草原上奔馳的煥發英姿，同時，讀到中國天山大峽谷裡，被烈焰燃燒億萬年的新疆，或者從日本白川鄉的合掌屋，見識到所謂世界文化遺產所帶來的驚豔面貌。

都是驚或喜的旅行呀！

這一群喜好旅行的年輕人，決定選擇以日本做為他們對於旅行所將帶來的，人生學習中最重要的實驗驛站；並且以他山之石可以攻錯的借鏡心情，提出關於日本政府與民間對觀光事業所做的努力建設，用以照見日本旅遊業成功的所在，反觀台灣觀光旅遊發展過程中，雖然也有長處，但仍然存在一些不平衡的現象。

日本，同時也是這些年輕的台灣人，一生之中旅行次數最多的國家。

日本旅行的借鏡

三十年前初秋裡的某一天，很稀奇的，那是沈文寧今生第一回隻身出國到日本旅行。

說是隻身出國，一點沒錯，父親當時正隨著台灣雜誌協會舉辦的文化交流活

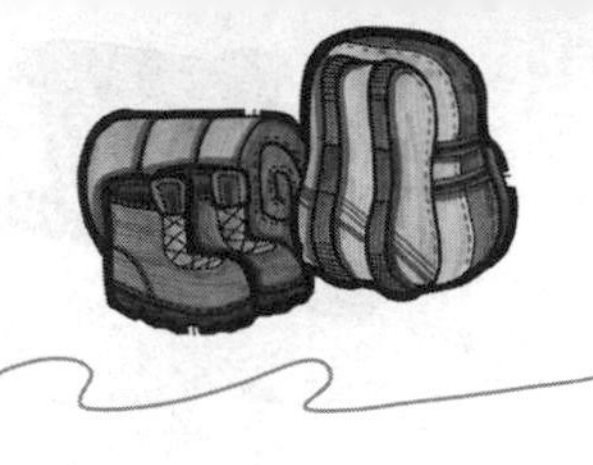

動在韓國訪問。時值蕭瑟涼秋，首爾天氣一片冷颼颼，而日本的氣溫顯然比想像還要低，有一種出外人不知如何應變冷暖的茫無所措。

他和父親相約在日本成田機場碰面；第一次獨自搭國際線班機到日本，除了陌生和惶恐外，他大概只能一無所悉的在班機飛抵位於千葉縣的成田機場後，把自己鎖在機場大廳休息室內，不得入境；沒見著父親，語言又不通，他在大廳裡像個鄉巴佬的度方步，心裡焦急萬分，眼看約定從首爾飛抵成田機場的班機時刻已經過去，卻不見父親或雜誌協會的成員出現。

入境通道盡是陌生的影子，而時間已然又過半個時辰，難道父親或飛機發生任何不可思議的意外？或者，發生其他無法臆想的狀況？

心裡愈想得亂、心底就愈發毛，既無法把自己導入脫離茫無所措的常軌裡，卻只得束手無措的像個未經世故的人，坐在大廳椅上發愣。

心底慌亂了約莫一個鐘頭後，終於在入境通道上看見父親病弱得由兩位同行的團員攙扶入關，形體虛脫得像是連多走一步即會瞬間倒地不支一般，看入他眼底，既慌又難過，根本不知這情景究竟是如何開始？怎樣發生？到底怎麼回事？

協會團員以為「他是父親在日本留學讀書的兒子」，不由分明的要他立即將父親送回台灣就醫，「否則有危險！」他們異口同聲地說。

病奄奄的父親卻拖著游絲將斷般的口氣跟其他成員說：「我躺一晚就好，這是我大兒子，他第一次出國，我明天還要帶他到東京走走呢！」同時對著沈文寧

說：「忘了告訴你，日本時間要撥快一個小時，你一定等很久了吧！」

「沒有，沒有，我沒有等很久。」沈文寧心裡面喃喃回答著。

經過一個晚上休息、調息、養息，父親的氣色逐漸好轉起來，他無心去探究父親在首爾發生的一切狀況，也不太能掌握父親現在身體的病況，只下意識想著回台北去吧！父親卻感到難得出國一趟，又不想「自毀」對沈文寧的承諾，執意他的身體會很快恢復正常。

第二天一早，他的父親脫離雜誌協會的團隊，帶著他，直往上野搭車過去，開始為期三個星期，自由自在的親子之旅。

第一次到日本，新鮮與驚奇的成因居多，前後花了將近三個星期，他跟著日治時期曾在大阪留學的父親，從居住在平塚市的清行宏夫人（父親筆友）家裡開始，一路從關東地區的東京、橫濱、橫須賀、鎌倉、長谷、富士山、名古屋、鳥羽、湯島，看山賞水到關西一帶的琵琶湖、京都、大阪、神戶、奈良、廣島、博多、四國，橫跨的路途十分遙遠，讓他在二十九歲那個尚未解嚴的極端年代裡，把日本幾個重要的都市走遍。

雖只是走馬看花地走一站玩一站，他倒沿途閱覽出許多旅遊的火花。

於是，第二年、第三年，他像著了迷似地，每年都想出國到日本，看山看水看萬國博覽會，甚至買書買衣買數碼寶貝玩具，不懂日文，說不上日語，僅憑認識幾個漢字漢文的小學問，便膽敢上路，興起到日本自助旅行的念頭。

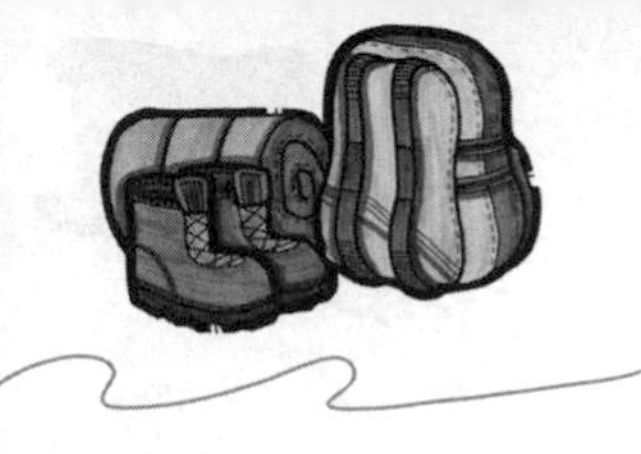

他同時發現，許多台灣的年輕人同他一樣，喜歡到日本各地做自助式旅行，試圖從中感受到自助旅行的多方冒險樂趣，並藉由自助旅行的模式，認識或瞭解異國他鄉人的民情風俗與文化特性，用以增添個人的見聞，進而產生生活或心靈更厚實的精神領域。

年輕時代的他，的確對旅行產生一種莫名感動的自覺，那是衷心期待能夠從異國他鄉的山水景物，以及未可預知的漫遊意識，見聞到更多足以填補生命憧憬的冒險行旅。

日本靜穆美學　美好印記

說是冒險，一點也不為過，在完全不諳日文與日語的情況下，卻膽敢一個人走進日本將近三十餘回，這種憧憬和這種冒險意識，固然顯得有些不切實際，可那隻身遊走在陌生國境的勇氣，反而在抒情的浪漫之美中，成為沈文寧唯一值得向自己原本懦弱的個性炫耀的地方，也即是說，在孤獨的自助旅行中，他不僅從日本清雅的山水中看到日本人的生命本質，以及對待旅行所做的相關於安全、人性、唯美和舒適、方便的交通設施的通盤考量。

他在這種象徵著讓旅行者可以擁有明晰的心境，深入走進日本國為迎接觀光客所製造的旅遊情境裡，得以深沉的接收到旅行的某種難以言喻的快意。

自助旅行中，因為不諳當地語言而產生的寧靜心情，他確定那是一種難得可

貴的經驗，不會因為語言不通而害怕被驚慌絆住腳，遲遲裹足不前。沈文寧用悠然的心情不斷向前走去，越是釋放害怕的心一路向前走去，旅行的路越能呈現寬敞的前景，北海道的皚皚雪景、東京的前衛時尚、伊豆半島的悠然寧謐、京都的古樸之氣、九州的開闊浪漫、四國的淡雅風情，以及沖繩的日照海天，都會自動的在眼前攤現出一番誇示性的美麗景色。

他是隱身在旅途中一名默然無聲的旅行者，多年來，用這種無聲息的方式，在日本出入無礙，也用這種探險的身影記錄在日本旅行的所見所感。

旅行中，種種不可思議的經歷，更能夠使人以輕鬆的心境面對人生奇特的際遇。他在旅行中感到自己身在一個不盡然可以使生活出類拔萃的環境，也許只有孤獨，只有平淡，甚至有時感到生命無助。可一旦從旅行的內在寧靜過程，接觸到外界的新鮮事物，不久之後，所有得意的和不得意的情緒，卻都得到適中的印證，他確信旅行可以得到心靜的靈驗。

日本旅行的經驗，不獨在行車中，或尋找民宿時的驚奇，未置一辭的輕快心情，極易使人如沐春風，好似那些充滿清雅的風景，都帶著新鮮的亮澄色澤，給人驚詫的明清好感。

他只是一個單純的旅行者，北海道白茫茫的雪景、津輕海峽迷濛的冬景、箱根高聳參天的林木、琵琶湖秋季迷濛的湖邊枯枝、瀨戶內海宏偉壯觀的跨海大

橋，以及鳴門海峽渡輪上所見的月色，在清新空氣的陪襯下，都澄明的展現出使人迷醉的優雅之美，同屬於這個世界，日本的靜穆美學，令人驚嘆。

天地蒼茫，旅遊日本讓他隨心跟自己相會，同時看見更多不完美的人生，以及人生旅途中的美麗與哀愁。

重要的是，到日本旅遊，在安全與規劃完善的各項設施裡，讓遊客可以深刻的見識到，一個先進國家在發展國際性的觀光旅遊過程中，政府與民間所做的一應俱全的配套措施，使旅人從中獲得厚實而美好的旅行印記，以及對於日本這個國家，文化和民情更深入的瞭解。

第二章 這些人正在日本旅行

新世紀開始的第一年夏季，沈文寧在擔任教職、喜歡到日本自助旅行的黃修司老師策劃的「日本之旅，文學散步」活動中，得以和總計十二位喜愛自助旅行的各校國文科教師，在伊豆半島度過一段令人動心動容的日本文學之旅，他們共同尋找川端康成的初戀地、故居，為了感受《伊豆の踊り子》（中譯《伊豆舞孃》）這一篇小說裡所描述的情境，猶似勇於冒險的登山客一樣，全體成員徒手走過天城山。然後，又積極的到原宿、早稻田大學找尋村上春樹的文學作品《遇見100％的女孩》故事中所描述的女孩，女孩沒找著，倒找到不寂寞的自己；適巧又在當地認識了兩位喜愛旅遊，就讀東京早稻田大學的櫻井修和今岡為之，一起走訪日本的文學景點。

這些人不是為了添購高品質和高性能的電器或電子產品，也不是為了採買光澤耀人的珍珠或日本陶器、絲綢產品或日本人形娃娃到日本旅遊，更不是為了那些包裝精美的糖果餅乾、觀光景點販賣的紀念品而選擇到日本。

日本為拓展觀光所做的建設，包括機場服務人員得體、貼心的禮儀、清楚又細心規劃的旅遊導覽介面圖說、經過美化的乾淨街道和住宅區、觀光景點人性化的走道和空間設施、交通暢通無阻與標示清晰的交通號誌、火車準點抵達準位

靠站、人民守法和親切的笑容、空氣清新與大自然維護得宜，以及安全的旅遊環境，都是使他們喜歡到日本旅行的主要原因。

當然，春天賞櫻、夏天賞花、秋天賞楓、冬天賞雪，以及遊覽那些保存得當的文化財，呼吸著清新的空氣，甚至走進明朗、不見雜草叢生的溫泉山區，一邊泡溫泉一邊瀏覽山林景色，都是令人流連忘返的旅行要素。

如何能做到讓自己的國家潔淨無瑕？彷彿整個都市、鄉間都是美的化身。如何能做到把整個人文城市和自然山林，建設成為一個優質的觀光環境？

為甚麼台灣每年出國觀光人口比率最高的國家，日本始終高居第一位？其中，前往北海道旅遊的人次又名列第一順位？北海道究竟擁有甚麼樣值得玩味的地方，竟然能讓台灣人不分季節的趨之若鶩？

是冬季遍地迷人的皚皚白雪？還是夏季山坡地上，漫山遍野的薰衣草？或是那一隻隻色澤黃澄可口的帝王蟹吸引著台灣人？

北海道人說：「台灣人是北海道之神。」這句話意味著甚麼意思呢？原來是台灣每年為數眾多的旅客，以最大方的消費能力，豐富了北海道的觀光資源。觀光，成為北海道最大的收益來源。

沈文寧與一群同樣來自台灣的年輕旅人，決定前往北海道，探索和感受位居日本最北端的雪國祕境之美。

北海道雪國風情之旅

北海道舊名蝦夷或稱渡島，原住民為愛奴族。

日本人正式移民到北海道開墾，約從明治時代（一八六八～一九一二）開始；將近五十年間，開闢荒野和原始林地，並從事農業生產、漁業生活，經過一百多年後的今天，北海道的建設已然完全改觀，同時成為日本屈指可數的糧倉、觀光旅遊勝地和工業中心。

清晨六點十分，飛機才剛從桃園國際機場起飛，沈文寧與一群文友彷彿已能從機窗外輕移飄浮的厚實流雲，嗅覺到北海道冷冽細雪的紛飛模樣。

冷冷的北海道，飄雪的北海道，未曾謀面的北海道，對他而言，絕不只是賞雪旅遊的唯一目的；他極度渴望在過去那一段毫無變化與頓覺生活失去意義的陰翳日子，能夠經由雪季之旅，攜帶某種悠然的心情去探訪些許關於雪或飄雪的深沉感受。就像滿天灰濛濛的烏雲裡，偶爾現出一塊青空那樣，令人感到興奮或驚奇。

也許就是一種眺望吧！

冬天的北海道，雪花無所不在，從釧路機場的上空下探地面上的景色，果然白茫茫一片，那是雪，雪覆蓋著山林、河川、路面和屋脊，就連走出機場，迎面而來的雪片，都如此輕柔的飛舞著，使人一時間無畏寒冷的雀躍不已。

這是他和許多台灣遊客的初雪，帶著一身驚奇的置身在雪花飄灑的釧路機場。

即使旅行和人生多麼類似，當他化身成一個踏雪尋夢的旅人來到初次相見的北海道雪季時，白茫茫的雪景，果真綻放出如愛情般一見鍾情的璀璨光輝，這種以逐步方式成形的光輝，正隨著車行兩旁皚皚白雪的飄落而加重加厚加大。

對面十勝大雪山山麓的雪飄迷霧，時而發出白淨淨的亮光。美，從車窗外緩緩劃過。

隱約之間，他在雪中風景裡，聽見導遊如數家珍的細說著日本人喜歡「一生中必須要走一趟的聖山」、「一生中必須搭乘一次的北斗星號列車」的旅行主張，導遊開宗明義的說：「日本人喜歡為風景點排名，以為招徠觀光客的重要方式，例如日本三景，宮城縣宮城郡松島町的松島、京都府宮津市的天橋立、廣島縣廿日市的宮島；這三處景點早在德川幕府建立初期便已聞名全國，此後逐漸成為日本景點的象徵，同時被編寫入民歌、教科書等宣傳材料之中。」

「當然，為了行銷觀光旅遊，日本三景後來又修改為新日本三景；這跟當年日治時代的台灣，把風景區列名為八景十二勝的道理是一樣的。」導遊說。

「觀光是必須透過不同管道長期宣傳的，」年輕的導遊強調：「就像北海道，便是經由長期行銷，成功的擄獲台灣人的心，最後成為最愛的日本旅遊地。」

在十勝大平原飯店下車後，沈文寧無視飯店服務人員列隊歡迎的禮儀，獨自站在飯店門口前，抬頭張大嘴巴，讓雪片飄落嘴內，品嘗雪在唇齒間滑潤綿細的冰涼滋味。

現在，他已習慣身在積雪之中，上車、下車，讓輕盈的白雪倏然飄落身上。雪，使他想起一九八〇年初次到日本做為期三周的旅行往事，當旅程結束的最後一天，原定和同行的父親一起從大阪搭機返台，豈料旅行社為他個人訂購的機票是台北到東京的往返票，無法和父親搭同班飛機回台，他則一個人黯然獨自搭乘新幹線火車，從大阪回到平塚，準備在父親的友人清行宏的家中借住一宿，等待第二天再從東京成田機場回台。

晚間，米原到小田原的車程中，他根本無法闔眼，心裡不時惦記著父親，當車過富士山下，見那雪落紛飛的景致，竟不由自主的神傷起來；一路憂心而過，就在新幹線火車準點抵達小田原站時，他看見車窗外清行宏夫婦喜出望外的向他揮手致意，下車後，夫人忙著清點他隨身攜帶的六件行李，又一邊藉由公用電話打給她大阪的弟弟松木明，為沈文寧安全返抵平塚報平安。

終於又回到關東地區了，想到明天一早就可以返回台灣，旋即安心的坐上清行宏的自用休旅車。這時，清行宏夫人就近在站前路邊的自動販賣機，投幣買了一杯溫熱咖啡，用她的手絹包著，謹慎翼翼的遞給他，說是為他驅寒。

這是日本人的待客之道嗎？還是清行宏夫人特有的溫柔情懷呢？

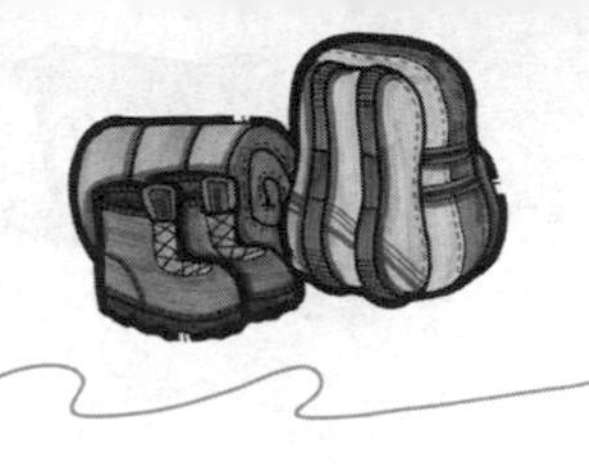

他的眼淚剎時在黯黑的車廂裡潸然而下。

那是淚吧！他寧願那是十二月天的雪，像清行宏夫人似雪般的柔情那樣，淌進他心中。

富良野薰衣草筆記本的故事之旅

前往北海道富良野農場的路線，沈文寧並不熟悉，但山區蜿蜒的山徑，以及山谷裡秋割後坦裸出黃土色農地，所呈現的秋涼感覺，卻讓人倍感興味，那新鮮的期待心理，使每一個旅人的心情為之舒暢起來。山林風景被朝陽添上不少秋天的色澤，寬敞的田畦寥寥幾株不知名的樹木，林立風中，整齊劃一，大小拼貼如一幅遠近看來都像是田園風景畫的農地旁，放置著一箱箱收割後的馬鈴薯，新泥舊土黏附在藍色箱子的裡裡外外，格外顯得秋色蕭索。

臨窗遠眺，一望無垠的田地上，那偶而出現在田埂的大樹，垂掛著綠黃參差的枝葉，在沉寂的風中微微顫動，這使人看來胸口不禁怦怦跳動的田園風光景致，好像是某種喜悅的暗示，預告著他即將抵達的富良野農場，必定如這一片秋割後的良田沃土，欣榮遍野。

美麗而讓人雀躍萬分的多色花田，被稱做富良野「富田農場」；傳說，時居富良野一地的富田德馬先生，在現今農場散步時眺望前方壯觀的十勝岳連峰，連綿的秀麗山峰景色，讓他興起開墾農場，栽植薰衣草的念頭，他喜歡燦爛的紫色

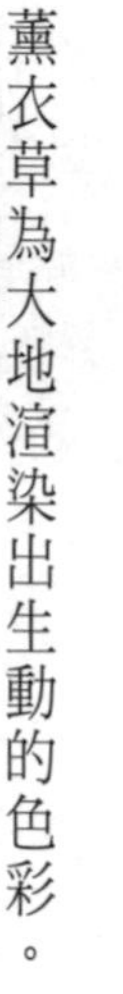

薰衣草為大地渲染出生動的色彩。

直到一九六九年時，富良野農地開始種植製作香料用的薰衣草，一九九三年生產以薰衣草為原料的芳香油，一九九四年出產FURANO香水，二〇〇一年參加法國舉辦的「薰衣草芳香博覽會」，榮獲芳香油冠軍。四十多年來，富田農場培育出不同品種的薰衣草，供遊客做香氣體驗，整個富良野著名的景點，包括：Mild Seven之丘、親子之木、Ken and Mary之木、Seven Star之木等，常是電視廣告或電影的取景地。

沈文寧在旅程中認識同團一名來自高雄的男子，名叫何予國，這是他第二次重遊富良野。

何予國說，那一年，他和女友分手之後，心情低落到了極點，一旦想到兩人相處的甜蜜時光，他都會一往情深的把所有的過去一一攤在回憶之中，不停咀嚼回味，他要把有關他和女友之間的記憶，以某種想像的特徵代替，但思念的滋味使這種想像愈加痛苦。

他開始懷疑兩人的世界根本沒有所謂的真情真意可言；於是，他決定把受創的心錮鎖起來，除了不停傷心，他的神情相對盪到莫名索然的谷底，他甚至恐懼到想到死亡。

死亡的同一條件是絕對的勇氣。

當閉上眼睛，他的心裡便無端升起一股嫌惡的幻覺，他幻想自己沒有足夠的

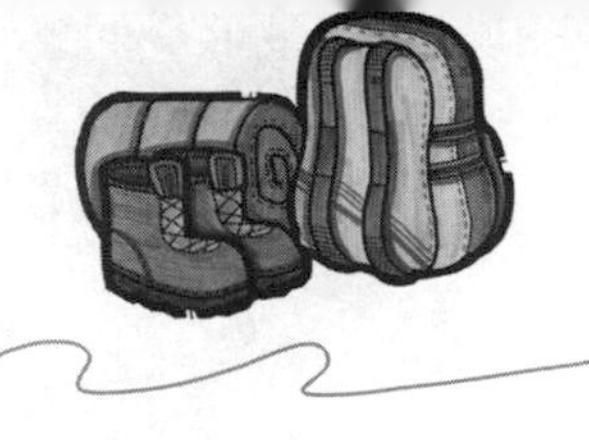

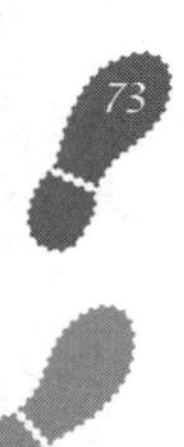

勇氣和死亡發生關係，因為死亡從未為他帶來任何奇妙的意味。

可以這樣說，他從來就沒有過死亡的經驗。

他努力要求自己讓零亂的心情避開令他苦惱不已的思念，他問自己要往何處去？是要用抽象的想念回到他優柔寡斷的性情之中？還是繼續留在那個充滿晦暗與不安的屋子裡？

最後，他選擇一個人出國到北海道旅行。

就在富田農場的販賣店，他買了一本以薰衣草圖案為設計藍本，大小如手掌的筆記本，時而坐在遊覽車低頭塗塗畫畫些不知名的線條，回到飯店時，一樣在空白的筆記本上記下許多見聞的零落文字；那些看來好似楔形文字的筆觸，簡直比死亡還要醜陋，他卻開始喜歡這種在一本掌中型的空白筆記本上胡亂塗鴉的快感。

有時，他會寫些見山見水不見人，極度無病呻吟的低沉文字；有時，又會利用一張紙面刻意寫上大大的「痛苦」二字；有時，又描景描物描導遊的說些恐怕連他自己都看不下去的語焉不詳。

五天的北海道旅遊，一本小小的掌中型筆記本就在他胡亂塗抹的快意下，整本宣洩完畢。

他下意識覺得自己又活過來了。

是北海道清明雅致的景色，讓他的心又重新恢復明朗，是富良野一片開闊的

多色花田，讓他改變了對死亡的態度與自殺的念頭，從而重燃生命之火。

事實上，他從未想到死亡；因為，死亡從來也不曾出現在他心中。他只是一時沮喪而已。

所以，事隔兩年後，他再度來到北海道，這個被遊客形容為只有花海沒有地平線的富良野，再次親澤全日本最浪漫的地方。

被世人以「日本的普羅旺斯」相稱的富良野，位於北海道中央位置，每年到了七、八月，屬於夏季嬌豔的花朵盡情綻放，把整個上富良野和中富良野延伸成一片觀賞不盡的璀璨花海，繁花盛放的花田裡，花種多到數不完：紫色薰衣草、紅白罌粟花、向日葵、鬱金香、大波斯菊、魯冰花、水仙等，觸目所及都是絢麗的花色景致，使人彷若置身於歐式庭園的浪漫風情之中。

每年盛夏期間，幾乎快被紫花、紅花淹沒的富良野農場，是薰衣草喜好者的聖地。以觀光農業為發展願景的富良野，每年自五月開始，直到十月為止，隨著不同花季，農地不時綻放各色繽紛的花朵，漫漫花田綿延天際，使人身陷花海絨毯之中，彷彿做了一場五彩斑斕的美夢，久久無法脫身。

富良野的薰衣草傳奇，就這樣被台灣媒體和旅行社喧騰炒作起來，成為每年夏季最熱門的旅遊景點。

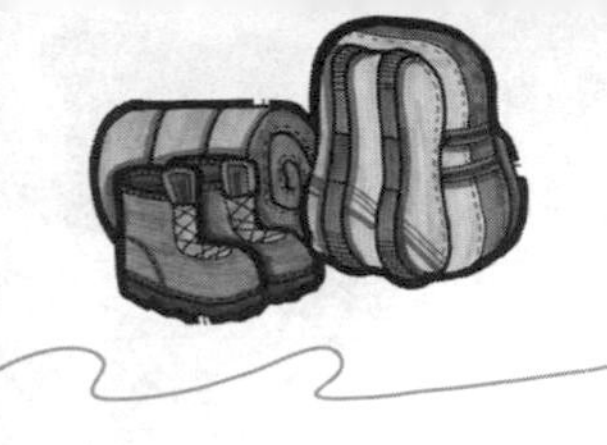

丘陵之街的美瑛傳奇之旅

有「丘陵之街」美譽的美瑛，位於北海道的中心點，一年四季的風景獨具特色，丘陵地形和多彩多姿的麥田、馬鈴薯田、薰衣草田，交織成美瑛受到世人矚目的悠閒景致；其中最著名的景點就屬花田遍布的拚布之路與景觀之路。

早於一九七一年，日本著名的已故攝影家前田真三初次到訪美瑛時，即深受美瑛變化萬千的自然風光吸引，繼而長留此地，遊走四方精心獵影，拍下各具美學的風景。

前田真三憑著敏銳的心靈觸角，拍攝出四季瞬間交織成的自然美景。據說，當年前田真三為了掌握每一天每一刻變化的美麗時光，清晨四、五時即起作業，整天遊走在美瑛叢林、花田間，深刻地記錄美瑛好山好水的各種角度。

位於舊千代田小學校舍，著名的風景攝影師前田真三的作品寫真館，取名「拓真館」，每年吸引為數不少的各地遊客前往參觀，許多人都著眼於前田真三的攝影作品，何來這麼大的魅力，可以將原本沒沒無聞，乏人問津的美瑛花田山水的氣焰提升，一夕間名滿日本，兼及吸引台灣遊客，以能到美瑛賞花田為樂事。

就在前田真三作品寫真館裡，與沈文寧同團的另一名來自桃園新屋鄉的二十五歲青年劉煜德，在寫真館裡花了不少錢，買下許多張關於薰衣草原的明信片。

他是一名廣告企劃人，喜歡旅行，喜歡搜集觀光旅遊勝地的明信片。

不知道為甚麼，明信片這個名字始終讓他心弦顫動，那些印製著美瑛鄉野風光，以及名列日本一百車站之一的美瑛車站圖案的明信片，被他引伸為一種心情的溫度計，他藉由一張張明信片所意涵的旅遊行腳之樂，記憶起旅行過程的驚奇或是歡喜。

不論歐洲、美洲、日本，許多次旅行的悠閒經過，如今依舊歷歷在目，也許是沒有目的地的出走，也許是詳細計劃後的出走，他旅行的唯一目標，單純到只在腦子裡裝填著出去走走和解放困阨的簡單念頭。

他喜歡在旅程中搭乘火車，把一切旅遊之美寄託在火車上，從熟悉的車站到陌生的車站，汽笛聲、雜沓的人聲、擴音器傳來的廣播聲，以及火車行駛過的鄉間田園景色，都散發出搭乘火車旅行的浪漫情懷。

這是十分奇特的想法，他信賴火車能夠神奇的將他一步步推向未知的神祕旅程，然後滿載他舒坦的情緒，穿梭過一站又一站慢駛的悠揚心情，去會見旅驛中識或不識的某人。

想到搭乘火車出遊，每一次他的胸口都會怦怦然發出一如展翅遠飛的跳動感受，尤其，他習慣每到任何一個知名或不知名的旅遊點景時，必定會在他預先購買好的明信片空白處，蓋上旅遊點的紀念戳印；在每一張不同圖案的明信片背面，蓋上不同設計圖的景點戳章，都會讓他產生無可名狀的親切感動。

這一次來到北海道，他要繼續悠閒的田園之旅，到美瑛尋找傳說中的明亮花田，同時選購更多以美瑛車站為背景的明信片。

他特別喜歡在日本購物，當面對親切多禮的店員，他為能擁有被尊重的優越感而欣喜。日本人的禮貌眾所周知，這也難怪國際知名的旅遊網Expedia邀請全球四千家飯店業者，根據跟其他國家觀光客互動的印象打分數，評分項目共有十項，包括行為舉止、服裝儀容、衛生習慣、禮貌、說話音量、出手大方或小氣、是否愛亂投訴、是否願意學習當地語言與嘗試道地美食，結果最受歡迎的是安靜有禮貌的日本人。

這是一種觀光旅遊的素質教養吧！

小樽蘋果花音樂盒之旅

北海道的小樽是一座充滿音樂的海濱城市，商家用玻璃、陶瓷製造為數可觀的音樂盒、風鈴和其他玻璃工藝品，走在馬路上，那寒風吹送玻璃風鈴傳來悅耳的鈴鐺聲，此起彼落，掀起一陣使人心神暢快的清脆樂音，也使得這一座古老的城市好像被音樂團團圍住一樣，讓人不禁歡喜起來。

這樣形容小樽，一點也不誇張，來到這座以玻璃聞名於世的城市，沈文寧的腦海即不由自主的興起如入天堂之境的抒情念頭，那些繪影成各式造型與圖案，以音樂為主題的玻璃和陶瓷製品，硬生生的把小樽和童話故事匯聚在一起。

隆冬的白雪，宛如在小樽的街道上鋪著一層厚厚的白色蜜糖，那大片從遼闊的天際直灑下來的金色陽光，像極了手執仙女棒的天使，把原本看來高不可攀的中古世紀建築，一一點化成聲氣相通，如畫冊裡的薑餅屋那樣，凝聚成不可思議的和諧感動。

那些錯置在街道不同角落的古建築，一時之間毫無阻隔的陷在皚皚白雪的晶瑩之中，環繞著燦然的金光，發出幻景般的光芒；然後，不知從那一間屋子傳來一陣陣悅耳的鈴鐺聲，讓人根本不及聽聞其中音律，便像掉進了巫婆的魔掌一般，把人一步一步的吸進屋子裡頭。

他心底開始湧起炙熱的幸福之感，便依循著每一間販賣音樂與玻璃的童話屋，意圖尋找那早凋的青春夢，他總是毫無來由的相信一定可以在其中某間店裡，找到從小以來便惦念深愛的，以美空雲雀淒楚蒼涼的歌聲做成的音樂盒。

受到日治時代日本教育的父親影響長大的他，當面對著充滿童話般輕快而浪漫的音樂屋時，使他感到愕然的是─將如何在上千首，甚至上萬首音樂盒中，找到美空雲雀的歌？

沈文寧深切體會到，企盼回復童年或青春時期的自我，是一種溫柔、幸福的快意，小樽的音樂屋裡販賣的音樂盒，過濾掉他做為成年人的矜持，使他穿梭在音樂童話屋裡時，竟像個孩子似的，從這一攤看過下一攤，尋尋覓覓的堅信一定可以找到美空雲雀的「リンゴ追分」（中譯：蘋果花）。還有，港町十三番地、

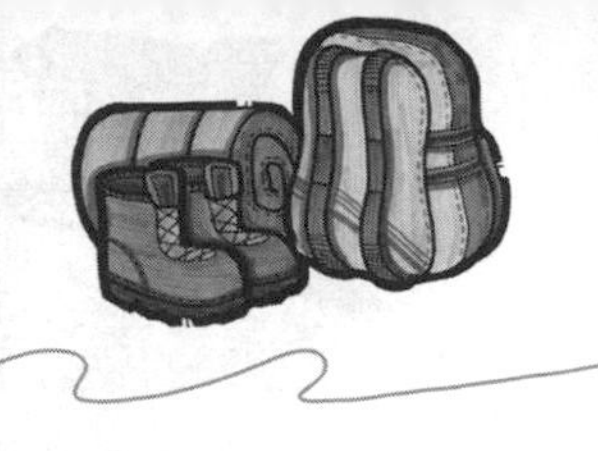

北國の春（中譯：北國之春）、伊豆の踊り子（中譯：伊豆舞孃）……。

啊！青春夢不見了，幼年時候，父親從日本攜帶回來，那個神祕的音樂盒也不見了，它彷佛早已跟隨去世的父親飄流到不知名的地方，只留下一絲絲悵然若失的回憶，沉埋心底深處。

在遊客穿梭如織的夢の音館（中譯：夢的音樂館）裡，他想開口叫聲父親的名，卻是空迴一陣。父親千里迢迢從日本帶回來送給他的音樂盒那裡去了？美空雲雀的「蘋果花」在那裡呀！

他下定決心，一定要找回遺落在幼年時代，那被風吹散了的蘋果花。

最後，沒能找到裝有美空雲雀演唱〈蘋果花〉的音樂盒，他索性買了一個印有chipn dale（中譯奇奇蒂蒂）卡通圖案的音樂盒，打算送給哈日族的小女兒，就像當年父親千里迢迢從日本為他帶回那個已然使他記憶模糊的音樂盒一樣，保有少許異樣幻影卻輕巧完美的親情型態。

初夏早稻田的村上春樹文學之旅

某一年夏日，正午的陽光酷熱地照在早稻田人煙稀落的馬路上。

第一次走到這個享有學術盛名的人文地帶，放眼望去，街道上移動的行人，果然遲疑得有如別無人影般的令人感到清寂無聲，就連停靠在馬路旁邊規劃齊整的候車站前的公共汽車也顯得有些慵懶。

沒有風的午後，文學之旅的成員，每個人使勁揮動手中紙扇，伊東梅屋旅館老闆娘送給每人一把的「按針祭」慶典紙扇，在早稻田路上，成為奇妙的和風景致；說到和風，拿把扇子邊走路邊搧著涼，不論走在日本那個角落，沒人當你奇怪；一旦在台北邊走路邊搖扇子納涼，路人立即用一種十分奇異的眼神看待。和風和台風，果真差異良多。

清寂午後的早稻田，慵懶裡帶著些許甦醒的快意，委身在看似平靜的街道裡，其實，只是正午酷熱日光的噩夢罷了！當文學之旅的十二名成員從車站頃刻間出現時，平靜的死寂之氣立即被笑聲、高談闊論聲，以及急著到自動販賣機投幣買飲料的速度聲擊碎。

原來早稻田是不是一直如此隱翳在一無遮掩的死寂裡？還是，這只是夏日暑休的暫時面貌？

這麼說來，打算到早稻田大學拜訪那位寫作《遇見100%的女孩》的村上春樹的夢想，極可能成為變數中的一場夢幻？

本來就沒有約定，村上春樹當然不會出現在這座他曾經念過戲劇科的校園裡，等你訪問，你自然也不必期待會有他寫《遇見100%的女孩》的那種奇妙際遇：

「四月裡一個晴朗的早晨，我在原宿的一條巷子裡，和一位100%的女孩擦肩

而過。

或許你心裡面正想著自己就是小說中那個令村上心動的女孩：「我已經非常肯定，她對我來說，正是100%的女孩。從第一眼望見她的影子的瞬間開始，我的心胸立刻不規則地跳動起來，嘴巴像沙漠一樣火辣辣地乾渴。」

這裡不是原宿，早稻田大學的午後，校園封閉整修，不僅見不著村上春樹的影子，連聽風唱歌的心情都低落不已；不死心的成員開始想辦法尋找村上春樹在早稻田大學的任何蛛絲馬跡。

村上不是說了嘛！「兩個人在巷子正中央擦肩而過，失去的記憶的微弱之光，瞬間在兩人心中一閃。」

結果死不了心的成員們，竟找到村上學生時代曾經住過的宿舍，更找來一位名叫「櫻井修」和一位名叫「今岡為之」的兩位村上的非直屬科系的小學弟，聊表此行遠道而來，仍有所獲的幾許心得。

這兩位年輕的早稻田大學的學生，和許多平時所見的日本人一樣，謙和有禮、說起話來聲輕語細，不僅義務扮演著導覽人員的角色，為這一群來自台灣的旅人，講解有關日本文學家的文學之旅，更樂於擔任嚮導，陪伴所有人一起走一趟日本的文學之旅。

時值夏日，正逢學校暑期放假的空檔，櫻井修和今岡為之兩位大學生，就這

樣帶領著台灣來的年輕旅人，決定到伊豆半島走訪日本文學家的文學景點。

伊豆半島的文學景點之旅

到日本任何地方旅遊，都能強烈的感受到便利與自在，整個國家、都市和山林鄉野的造建彷若就是衝著觀光而衍生的創意建設，各種生活設施都講究人性化，就連公廁的建築景觀、衛生都十分考究。

這一群喜愛旅行的台灣年輕人，在兩位日本年輕的大學生櫻井修和今岡為之的帶領下，利用夏末初秋的涼爽季節，前去探訪日本國最多文學景點的伊豆半島。

文學也能成為觀光景點？

是的，山是景點、河是景點、海是景點、森林是景點、人物是景點，當然，描述著人生百態和人性多樣面貌的文學，一樣能成為景點。

整個伊豆半島迷人之處，不止擁有著名的空海和尚蓋建的修善寺、鄉間樸實的風雅景色，這裡更是許多日本著名的文學家喜歡前往旅遊的地方。

當地政府順勢利用文學家的知名度，以及文學家作品所敘述的地點或旅行時的居住點，規劃開創為觀光旅遊的新景點。

這是觀光旅遊景點的人文創意，利用文學家與文學作品融合成為旅遊新風貌，伊豆辦到了，而且做得徹底，做得使人刮目相看，驚嘆連連，那麼台灣呢？

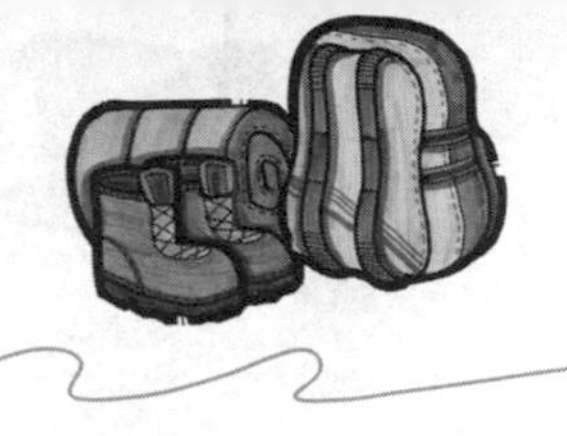

除了阿里山、日月潭之外，以藝術、文學做為主軸的人文景點，是否一樣值得創意與開發呢？

文學的伊豆，溫泉的伊豆，幽靜的伊豆，這一群來自台灣的年輕觀光客，懷抱著閒散而不匆忙的心情，搭乘輕軌火車，一路悠然見遠山，看鄉野奇景，感受著旅行伊豆半島，恬適的愉悅境域。

觀光發展的過程中，社區居民對於環境整潔的認同感與參與感，確實扮演著極重要的角色，伊豆景點便是如此，伊豆人肯守規矩、很能懂得在美學裡自我陶醉，你看他們的公共廁所美得像一幢裝飾屋、社區公園蓋得多麼人性化，使人有如沐浴在悠哉的美感之中。

伊豆的美和夢一直存活在這一群年輕人的心中，就好像川端康成筆下的伊豆景致和清純愛情的文字，充滿細緻美感，始終深刻的映入旅行者心裡面；反觀台灣，觀光景點區攤販混雜，居民毫無同建觀光美景的共識，以至於讓觀光區的好山好水遜色不少。

伊豆半島位於日本國東方，地處靜岡縣，西臨駿河灣，為太平洋與相模灣交界的突出半島；氣候溫和，擁有許多溫泉、海水浴場、高爾夫球場和自然公園等旅遊設施，無論春夏秋冬，來此渡假的遊客絡繹不絕。

因為彰顯著內外皆美的山水景致，這裡同時是日本著名的文學與溫泉故鄉。文學家夏目漱石、川端康成、三島由紀夫、井上靖、司馬遼太郎、太宰治、松尾

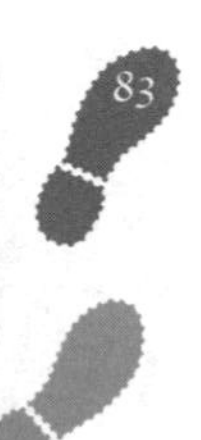

芭蕉、積穗忠、島木健作、北原白秋、若山牧水等都曾經以伊豆為背景，寫出不少膾炙人口的文學佳作，其中尤以川端康成的《伊豆の踊り子》（中譯伊豆舞孃）最為風光，這部小說不僅名震遐邇，更讓川端康成成為日本文學史上最重要的人物之一。

當中，以著名的文學家及其作品所開創的文學景點，計有：伊豆舞孃號列車、修善寺、獨鈷の湯、川端康成文學館、天城山、湯本館溫泉、川端康成初戀地、三島市的水邊の文學步道、伊東市的多條文學步道、赤蛙池等。

這一天午後，同行的劉心宜老師，與一夥文友走過「伊東文學散步」的景點後，在伊東市一家小店買了一把印有日本浮世繪的竹扇，這一把竹扇使她記憶起某一年冬天，她和新婚不久的丈夫一塊到日本東京旅行，在一家大型的購物廣場裡，無意間發現了兩家專營昔年日本孩童的零食和童玩的復古販賣店。

兩腳才一踏進專櫃店，她即被店裡頭擺設的商品深深吸引著。

她看見小孩專用的羽球拍，那繪製著日本孩童穿著和服的圖案，印在木板上的典雅造型，使她不禁想起已然去世的母親，當年留學日本時，所攝下的紀念相片，她曾在一張泛黃的舊照片裡，見過同樣的木板製羽球拍；她不經考慮的立即拿下那一只隨袋附贈小羽毛球的兩支球拍，愛不釋手的放進購物用的籃子裡。

能夠買下母親當年在日本留學習醫期間使用過的羽球拍，可也是一種美麗的傷感呀！

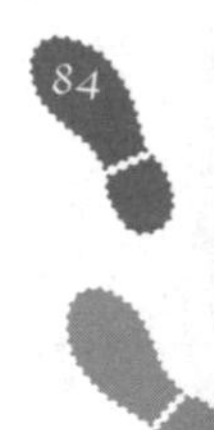

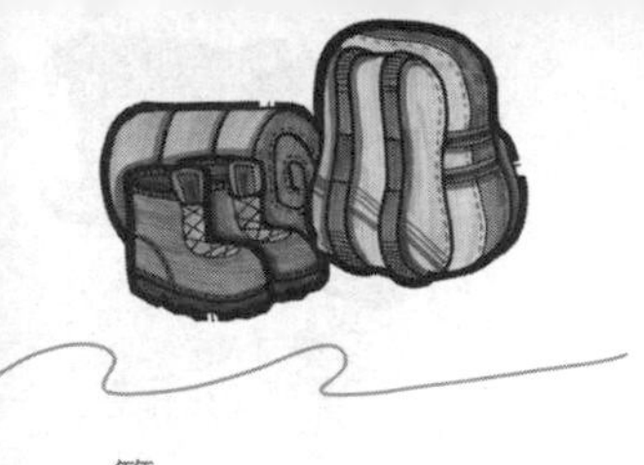

這話的確不假，她在這兩間販賣母親少女時代生活的用品，感到特別新奇，那每一樣東西都充滿著不同時代的生命意義，尤其，當她看見牆上掛著日本早年著名的偶像明星照時，就彷彿是她也跟隨著母親走過那個燦爛的年代一樣，別有一番滋味。

她認得出照片上那些電影明星，寶田明、加山雄三、淺丘琉璃子、吉永小百合、高橋英樹、三船敏郎、小泉今日子、石原裕次郎、三浦友和……，她像是遇見少女時代的母親模樣，在那些日本知名明星的舊照片前瀏覽、徘徊不已。

她忍住傷感的淚水，低頭聽著留聲機播放出來的老歌；那不就是母親生前最喜歡聽的，渥美二郎演唱的「釜山港へ帰れ（中譯：回到斧山港）」嗎？簡樸的歌詞，敘述霧笛聲聲迴盪在釜山港，期待著重逢時刻，緊緊依偎在你身旁的幸福感受。

她從不懷疑自己的耳朵，也不想在丈夫問她為甚麼眼光泛紅時答話，深恐說出話後，會破壞她在這一間老店聽到兒時熟悉的歌，那股懷舊氣氛。

她像「釜山港へ帰れ」述說的歌詞一樣，忽然間想起無法再回到日本緬懷留學生涯，已然過世的母親。

她緊閉嘴唇，帶著一臉鬱鬱寡歡的神情。

看著劉心宜老師手中新買的竹扇，櫻井修和今岡為之不禁驚喜的說：「現在

的日本人也少有這種懷舊的心思了，想不到劉老師竟有這一段感人的故事，真是難得。」

松川河口花火祭之旅

八月伊東果然熱鬧，傍晚的市街開始出現不斷的人潮，站在小市集玩偶攤前看著童玩，眼睛啪噠啪噠發出驚奇光芒的孩童，映現著一個地方祭典所將開啟的連串活動，除了振奮之外，還隱藏著某些即將爆裂的詭異歡愉。

即使如此，這場每年七月二十八日至八月二十二日在伊東舉辦，近一個月的「按針祭」活動，逐漸清晰地從穿著日本浴袍，手執紙扇，大剌剌穿越過漫無標誌的巷弄，走向松川河口，傳達出一種膜拜神情的人潮裡，顯現整個市街的喜悅，彷佛正要告訴人們，隱藏在這街道熱絡表面之後的真正主題，是一場難以名狀的盛會。

使人看到某種虔敬的真誠，正在交織著一場歡樂的祭典。

所有街道的人們全都盛裝朝松川河口湧去。

這個叫「按針祭」的大典活動，據說是為了紀念英國航海家William Adam（三浦按針）開啟伊東對外航運的祭典，活動高潮點即是八月十日晚間的花火大會。

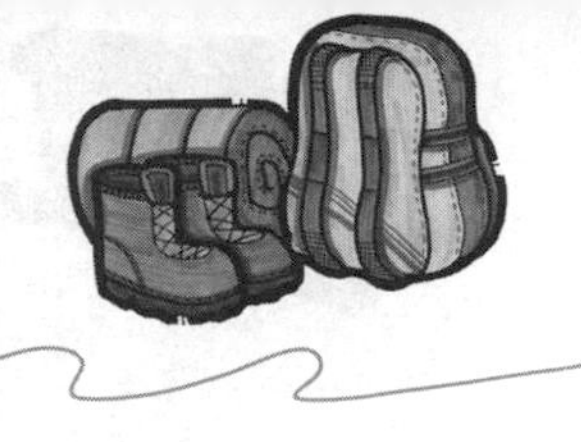

只是為了目睹這場熱鬧的煙火盛會，伊東市湧進數以萬計的人，賞花火的在地人和外地人，依序走路，紛聚在松川河口兩側的斜坡石階上。

第一次來到伊豆半島的櫻井修和今岡為之，跟著這一群來自台灣文學之旅的年輕人，在民宿老闆娘殷切的引領下，穿過幾條小街，從鬧街走到松川河口。廣場裡一排排小攤販，賣一杯日幣三百円的冰水、燒雞肉以及台灣人熟知的章魚燒。

像漂浮在河口邊的蛙鳴，隨著人們愉悅的歡笑聲，河口兩岸的人潮多到連前進的腳步都顯得令人目眩搖晃。

無風的狀態，空氣中洋溢著一股躍動的快樂，日本民眾用他們慣於守著秩序的心情，靜靜地坐在石階上，等候即將引爆的魅惑花火。

難以言喻的光耀景致，此起彼落的朵朵煙火，在黃昏後暗幽天空背景的烘托下，或天女散花、或金粉四溢、或五彩繽紛、或孔雀開屏的發出燦爛亮光，仰頭觀賞之際，使人醺然欲醉的花火爆裂聲，看起來就像每朵花火兀自在天際競逐她美麗卻短暫的耀眼光芒。

仲夏潮風般炙熱的夜晚，美麗卻短暫的耀眼光芒，殘存著因為離開天空而邈邈瀟瀟飄下的某種空洞與虛無，使這群台灣遊客無法忘記民宿老闆娘在這一趟花火之旅中，為他們所做的親切與熱忱的服務。

川端康成舊居與「伊豆の踊り子」寫作小屋之旅

在領隊黃修司老師的帶引下，沈文寧和其他老師來到湯島溫泉的湯本館；這家溫泉旅館是西元一九一八年秋，川端康成往來伊豆半島旅行時，與行旅藝人同道，住宿過的旅店，也是其後他撰寫「伊豆の踊り子」的所在地。

用一百円日幣買得進入湯本館參觀的權益，純粹好奇的心，興奮得使人相信能夠走進偉大文學家寫作時的小斗室，濡沐他蒼勁的書法、擺飾用品的溫熱，甚至想像文學家坐在窗台邊沉思的神情，都是旅途中完美的獲得。

好比燃燒般的嚮往，當進入川端坐落在湯本館二樓的寫作間，令人心底不斷湧起炙熱的衝動，那顯然是幻想情境的再次表露。

川端的起居臥房兼寫作間，湯本館的店東依舊保持他住宿其間的原貌，潔淨的規範、雅緻的窗台，窗台外的簷角與青松，安然、孤獨地流露文學家沉穩的特質。

湯本館因川端而聲名大噪，整間旅館內部的所有掛飾，無一不與川端相關，川端住宿時的生活照片、書法，以及更多「伊豆の踊り子」電影拍攝時的相關相片；在這裡，旅人可以見到「伊豆の踊り子」兩個不同時期、不同版本電影演出的主角寫真照，吉永小百合與高橋英樹、山口百惠與三浦友和，彷彿耽溺到飄浮過往的年少歲月，對電影情節裡面，純情舞孃和善良中學生淳厚的美麗戀情的倏然重現。

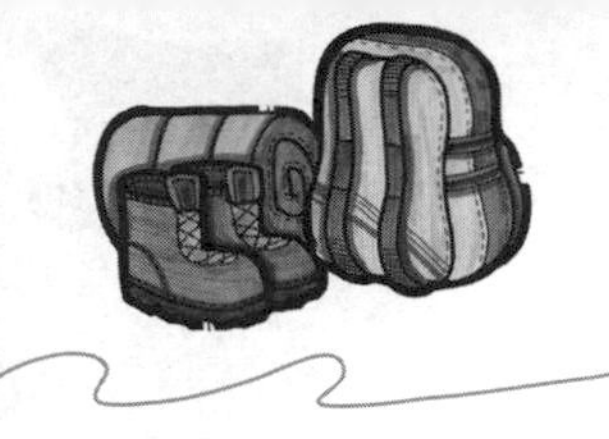

沈文寧和櫻井修等人，輪流模仿川端康成在相片裡，曾經坐過的第九階梯的坐姿，想像文學家冷靜、細密的文學情懷，即使心裡頭覺得這種輕率舉動顯得有些愚蠢，可是，幽深幻夢式的想像，卻是來到湯本館強烈感受文學家旅行寫作的無盡風華後，唯一的蘊藉驚嘆。

合掌村的神祕文化遺產之旅

這一群年輕人踏著越走越有趣的旅行腳步，一路從伊豆半島，進入到日本中部高山地區，只為尋訪以歷史文化著稱的飛驒高山所留存下來，白川鄉合掌村的世界文化遺產，象徵觀光旅遊的最高價值。

歷史的合掌村，觀光旅遊的合掌村，乾淨、整潔、樸實，美如畫中仙境的鄉野風光，因為村民的共識和共治，而使得這座充滿幻境的小村落，成為許多國外遊客到日本旅遊最愛的景點之一，日本人如此，台灣的旅行社也以這個深具魅力與風情的旅行景點大肆宣傳，輕而易舉的招徠每一梯次都額滿的台灣遊客。

一座座合掌式斜頂的木造屋舍散落其間，悠然怡人的景象，散發出閑靜卻強烈的質樸美，村落周邊的山林樹葉綠意盎然，遠眺森林坡地，彷彿披上一層油綠的纖毛毯，彰顯出山谷地形的寧靜安逸感。

依循田間不算窄狹的小路，逐一在幢幢合掌屋前，賞玩這日本古代農村的田園景觀。

是為農村之地，整個田園、道路卻潔淨無比，使人詫異愛美愛乾淨的日本

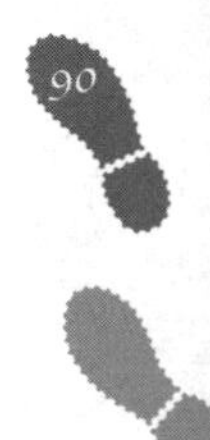

人，連觀光景點的環境與衛生都維護得「窗明几淨」、「一塵不染」，彷若樣品屋似的。

岐阜縣白川鄉這片合掌村落裡的合掌屋，與福島縣的大內宿、京都的美山町並稱為日本三大茅屋之里；有旅人如是形容雪季的合掌村：「白川鄉四季各有風情，相較於春夏，此地冬季的景致更是一絕。雪季時候，傳統稻草木構的合掌屋，披上一層厚厚的白棉被，可愛得宛如童話中的薑餅屋。冬日夜燈初上，遺世獨立的山村，籠罩在一片雪白恬靜的氣氛之中，美得令人屏息，無怪乎合掌村被旅人冠以『冬日的童話』之美稱。」

年輕的文學之旅成員，倚在田間花叢裡，仰望錯落在谷地之中的每一幢歷史悠久的合掌屋，田園、寺廟、水車小屋以及滿園子紛紅駭綠的波斯菊，猶如虛幻的童話世界，美麗而真實的投影；說不上來這美得令人屏息的景致，映入即將接近黃昏時刻，淡藍天空的布幕下，竟充滿著開朗不已的豁然氛圍，使人心情不禁明晰起來。

屋前花叢、庭前水池，以及池面浮萍水草，映著合掌屋的影子垂直投射其上，某種既真實卻又令人感到虛假的幻覺，不斷從迷濛的眼眸裡油然升起。

近似夢幻的合掌屋，精緻得彷若一座難以碰觸的小宇宙，像是要把人的幻覺與幻夢，整個呑進去一樣，包容著所有無法剝奪淨盡的建築美學、生活美學和心靈美學。

而眼前的世界卻是真實無假，反倒是旅人的心境，短時間裡被這真實的影像

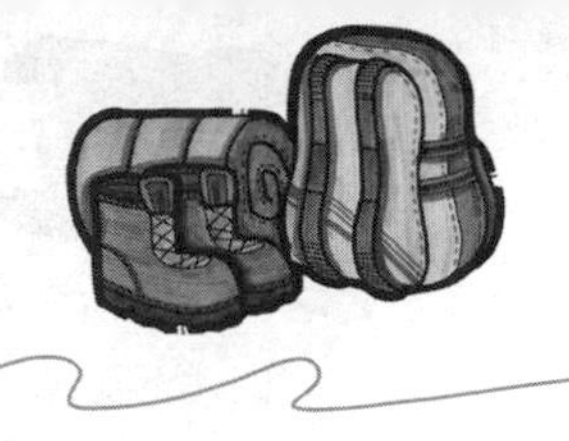

搗碎成斑駁不已，一如生鏽的古銅鏡，充滿著淒寂而冷的色調。

從山間吊橋走入荻町合掌村，那「良田、美池、桑、竹之屬，阡陌交通，雞犬相聞」的面貌，像是觸手可及似地一一浮現眼前。

近黃昏時刻，走在合掌村落，合掌屋無所不在的顯現眼前，忽見炊煙冉冉昇起，幽寂的沼池不經意喚來幾隻粉蝶，悠然的在沼池邊的花叢堆裡翩翩起舞，啁啾的鳥語聲也此起彼落的交響田園之樂，像是整座山谷都在歌唱一樣的生動起來。

來自台北的陳靜芳老師，迫不及待的走進一間販賣店。她喜歡文具，也喜歡購買文具、收藏文具，就好像喜歡笑一樣，讓她有一種難以言喻的快樂。說話時，她笑；不說話時，她也笑。就連走在合掌屋的田園小徑時，她那張充滿甜甜笑意的臉，永遠像燦明的陽光，給人溫煦的感動。她不是天生喜歡笑的人，至少，她絕不是那種故意把笑掛在臉上，裝成一副可愛模樣的人；她的笑，透著一種充滿希望，給人「出手不打笑臉人」的甜蜜和自然的歡喜之意。

就在合掌村的販賣店裡，她依舊帶著一張甜美的笑容，沒想到販賣店一位年約二十餘歲的服務小姐和一位年約六十餘歲的歐巴桑，面對她這位友善的客人，連連發出比她更為和煦、更為燦爛的笑容，表示歡迎。

聽！整個合掌村的山風發出一陣又一陣令人心安心靜的幽寂寧謐聲；這時，黃修司跟今岡為之談起陶淵明〈桃花源記〉裡的武陵人，今岡為之卻一頭霧水的

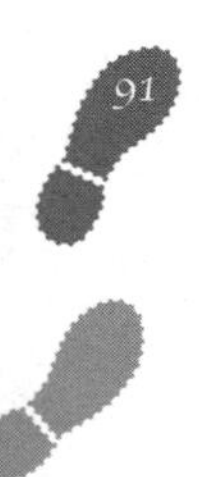

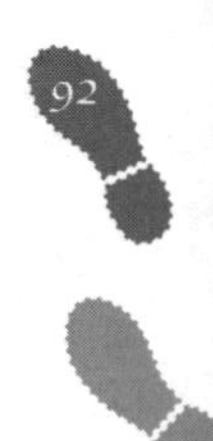

不明所以。

合掌村人就是武陵人，他們在真實的合掌村摺疊幽影的山谷間，坐沉桃花源美麗的山風足音。

白鳥湖冬雪與荒城之月的歷史之旅

某年冬天，沈文寧和櫻井修、今岡為之一起來到日本東北地區旅行。

還未抵達原名叫豬苗代湖的白鳥湖，沿途所見的山脈，早已被層層白雪覆蓋，一想起不久後就要走進白鳥湖的冬景之中，不由神情興奮了起來。這種能夠在冬季冰冷的天候裡，看見堆積成厚的皚皚白雪的感覺，逐漸把人雀躍的心情爆裂開來，沈文寧那被憂思淹沒了好些日子的血脈，彷彿一下子全都甦醒過來。

當他眼睜睜看著滿山遍野的雪，披掛在群山枯樹上，呈現前所未見的蒼茫畫景，竟使他的心整個清明起來。

不知從那個時候開始，他對雪的感情便產生一種難以明喻的微妙變化，那是極其特別的情愫，這種情愫飄浮在他旅行日本多年的心情裡已然許久，起先他還不清楚為甚麼會在突然間喜歡雪吹的飄灑模樣，相信其中必有來由；直到後來，才隱約想起年輕時代跟著父親同遊關西琵琶湖時，在迷離不明的湖畔見過的雪片紛飛的孤寂模樣，那是他心念中最孤獨的生命意識，一種彷若置身在幻覺之中的頹廢。

雪飄琵琶湖多遠了？雪落在白鳥湖到底多久了？

一陣冷冽的強風颼過他的臉頰，使他全身的肌膚不禁戰慄起來；白鳥湖的冷風似乎就要把人吹凍了一般，他和黃修司以及兩位日本年輕的大學生，踩著湖畔的積雪，看著遠方幾棵枯樹在冷風中輕輕搖曳。

許多人走近水邊看白鳥去，他獨自走到枯樹邊看湖邊冷峻的枯枝。

他猶喜歡枯樹和枯枝的孤獨之美。

這時，天幕中，從遠到近，從廣闊的磐梯山彼端，捲起一層薄薄的雲，卻仍然遮掩不住大片的藍天，透出明晰可人的金色陽光。

不遠處磐梯山的會津若松市，以「荒城之月」聞名的鶴ヶ城（中譯：鶴城，又名會津若松城），曾因日本內戰，發生白虎隊少年軍集體自刃的悲烈故事，白虎隊員短暫的青春生命，如櫻花雨般絕美的飄落，卻也同時傳述著日本武士道哀戚的殉死情愫。

日本著名詩人土井晚翠（Bansui Tsuchii，一八七一～一九五二年）即以福島縣會津若松市的鶴ヶ城，與自己的故鄉宮城縣仙台市的青葉城發想，以「荒城之月」為題創作了四段歌詞，道出詩人被舊城遺跡，以及少年白虎隊英勇的武士魂魄喚起的惆悵。

雪啊！沈文寧在白鳥湖畔，遙見磐梯山彼端，被會津若松鶴ヶ城流傳的一則悲淒故事，悄悄撞擊心房。

是誰？誰在雪地吟唱那首曲調淒涼的歌謠？

找出那聲音，找出「荒城之月」傳誦世事榮枯的一兩聲嘆息。

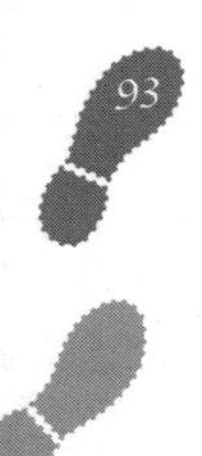

旅行札記

日本觀光旅遊業之所以發達，至少做到：

1. 民眾常保整潔的習慣，讓街道、居家環境、景點園區隨時潔淨無瑕。
2. 溫柔、多禮的待客之道，使遊客歡喜在心。
3. 以美麗、具特色的景致吸引各國遊客。
4. 商店店員、飯店人員以真誠的笑容和親切的態度服務遊客。
5. 以音樂產品輔助觀光，創造遊客深刻的記憶。
6. 以文學情節和文學家的創作情懷輔助觀光，彰顯創造景點的魅力。
7. 民眾在慶典活動中守秩序的行為，留給遊客良好的觀感。
8. 公廁的建築景觀、衛生都十分講究。
9. 景點工作人員和遊客共同維護觀光園區乾淨、整潔，形成比美景更優質的特色。
10. 創造安全、舒適、無污染、無障礙又清雅的旅遊環境，使遊客自由自在的暢行無阻。
11. 將故事融入旅遊景點，創造景點故事，使觀光旅遊成為感性與知性並容的深度之旅。
12. 遊客不隨意亂丟紙片或垃圾，也不會邊走路，邊吸菸或吃東西。

第三章　日韓觀光旅遊品質與行銷的借鏡

台灣於七〇年代開放觀光以後，日本一直是台灣客觀光旅遊的主要市場；相對地，七〇年代至八〇年代時，台灣也曾是日本重要的旅遊地，但自從二〇〇八年七月開放中國大陸旅客來台觀光之後，台灣的觀光來客即被分散成更多區塊，分別是日本、中國、香港、新馬、南韓，以及歐美和少數中東地區人士。

交通部觀光局為了推動「二〇〇八～二〇〇九旅行台灣年」計畫，特別前往日本辦理宣傳推廣活動，期間與日本觀光協會、日本旅行業協會（JATA）等日方觀光界高層人士就台、日雙方觀光交流交換意見。

鑑於日亞航及全日空直接飛航台灣，對台、日雙方旅遊業與觀光界均具有重大的意義，在這個新的環境下，的確有需要建立雙方交流體制，做為日後彼此溝通的平台；這個計畫與體制，獲得雙方主要inbound /outbound（單位名稱，指進出國境區域）旅行業者的全力支持，共同成立了台日觀光推進協議會，並曾於二〇〇八年三月十日假台北舉行「第一屆台日觀光高峰論壇」。

這次的高峰論壇約有近八十位台日觀光業界董事長級人士與會，是一個「重」量級的會議，出席參加的日方旅遊業者包括日本觀光協會中村徹會長、日本旅行業協會（JATA）新町光示會長，JTB、日本旅行、近畿、UT、阪急、

JALPACK、亞洲開發、西武等從事台灣旅遊商品販售的前幾大旅行社，以及飛行台日航線的日本航空、日亞航、全日空等主要航空公司社長級人士，親自來台參與盛會。

台灣方面，包括台灣觀光協會張學勞會長、觀光局賴瑟珍局長，世帝喜、假日、保保、新亞、天喜、雄獅、五福、東南等in/outbound旅行社董事長，以及華航、長榮航空和國賓、圓山、六福皇宮、晶華等國際觀光旅館總經理級以上人士，都親自出席這場盛會。

觀光局在這項高峰論壇中的書面報告中表示，為具體落實雙方合作，台日觀光推進協議會將針對雙方觀光相關議題共同協商，工作方針朝向去除旅遊障礙、促進旅遊便利性及資訊完整性、開發深度多元化旅遊產品及提升旅遊品質、加強行銷推廣合作等議題持續推動。今後也將定期舉辦議題研議、互訪召開會議，結合雙方旅行業界的力量，擴大台灣與日本間觀光客源的往來，以達成二〇一〇年台日雙方互訪三百萬人次為目標。

眾所周知，日本向來為國人出國旅遊地的首選，尤其是溫泉、美景更是國人樂之所在，而台灣的美食小吃，以及濃厚的人情味也廣受日本旅客所津津樂道。由是，根據交通部觀光局的資料顯示，二〇〇七年來台的日本旅客為一百一十六萬六千三百八十人次，訪日的台灣民眾則有一百二十八萬八百五十三人次，雙方互訪總人數高達二百四十五萬人次，締造交流的歷史新紀錄，透過這次觀光論壇

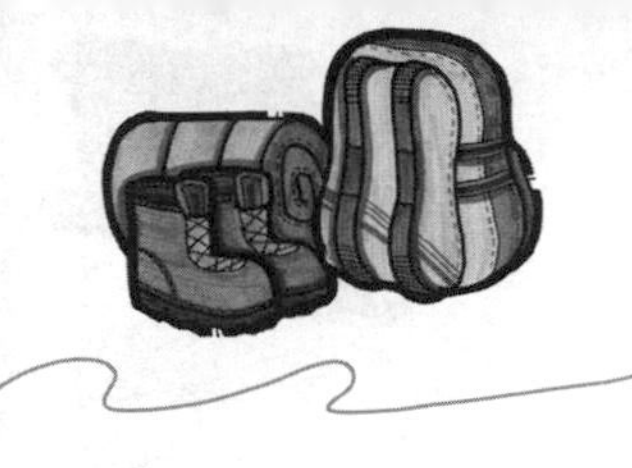

所達成的共識及作為，一定可以促使雙方觀光友好的關係與情誼，更加緊密地結合在一起，預期二〇一〇年台日雙方互訪旅客達到三百萬人次的目標指日可待。

二〇一〇年，台日雙方互訪旅客是否真能達到三百萬人次的目標，當然樂觀其成；只是，為了達成這項艱鉅的任務，觀光局以及所屬相關單位必須在國際間，戮力的行銷台灣觀光旅遊的文化特質，以及加強和改善旅遊環境，以嶄新風貌迎接來客。

導遊鄭一賓的日本旅遊見證

從另一個角度來看，日本政府為了推廣二〇一〇年實現訪日外國遊客達到一千萬人次的目標，而竭盡全力，利用現有完整的旅遊環境，加上日本社會有關安全、禮儀、美化、整潔、各項設施人性化以及觀光旅遊區全套完備的規模，做為最具影響力的號召；想來，日本政府規劃完善的都市建設、順暢的交通環境、整潔的街道和觀光景點、公害減少、空氣清新、人民謙和多禮、服務人員做事細心講究效率，以及習慣性臉帶微笑，甚至，包裝精美的購物天堂、優雅的消費環境，都是吸引海外觀光客前往旅遊的主因吧！

曾經在澳洲留學、畢業於雪梨科技大學，每年利用暑假回國期間擔任導遊工作，竟也玩出心得，加上喜歡旅遊的緣故，決意考取導遊證照，做一名正式的導覽人員，精通英日語的鄭一賓，目前任職於雄獅旅行社，二十五歲即開始從事導

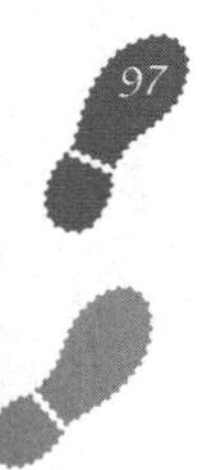

遊工作，至今已有十四年的經驗，其中有將近九年時間都負責日本團的導遊。

已經領有日本領隊和導遊證照的鄭一賓，就其長期往返台灣和日本的觀察與見聞，特於日本九州帶團旅遊時，抽空接受本書作者訪問，提出台灣人為甚麼喜歡到日本旅行的原因，他說：

「台灣人喜歡到日本旅行的主要原因是距離近，沒有時差的問題，日本是亞洲地區最乾淨、最繁榮、最具有文化特色的國家，治安、交通運輸和環境衛生都深具國際水準，是老少咸宜的旅遊國度。」

「日本高品質的旅遊素質，是發展觀光旅遊能夠獲得贏面的重要因素。」被許多團員戲稱為「消費達人」的鄭一賓，以台灣為例說明：「大陸人說，到台灣來觀光旅遊，不到阿里山會後悔一輩子；到了阿里山之後，更會後悔一輩子。」

為甚麼呢？是台灣的旅遊品質出現問題吧！

「台灣人喜歡到日本旅遊的另一個原因是：免簽證。」當然，日本針對全國觀光旅遊的路線規劃完善，也是主要原因，鄭一賓說：「日本能夠成行的旅遊路徑，可以規劃出百條以上最好玩的行程，日本有多處著名的溫泉區、主題樂園，縱使玩上十趟，還會想來。」

「日本人保有居安思危與未雨綢繆的精神，他們的公務人員在執行觀光旅遊的建設與推廣的態度上，是上有政策，下有貫徹，絕不苟且。」一再強調日本觀光旅遊的發展與行銷，值得台灣學習的鄭一賓強調說：「日本人在僅有三十七萬

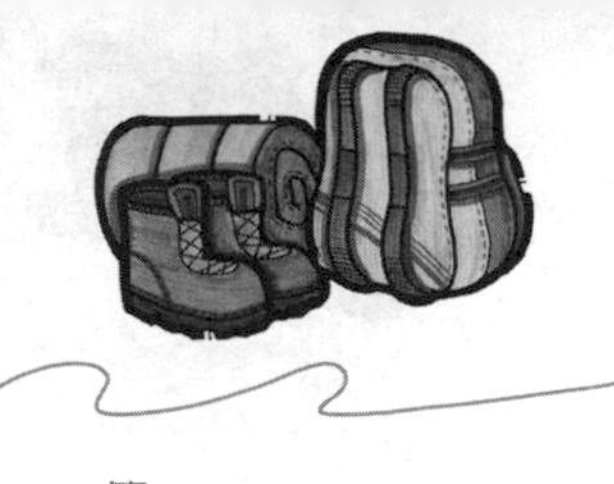

七千八百七十三平方公里的土地上，以有限的資源，創造無限的可能；造橋世界第一、造隧道世界第一、填土造路、造機場、造迪士尼樂園世界第一、人工造林世界第一、森林覆蓋率世界第一、造船技術世界第一、持有的淨海外資產總額為一百八十點七〇萬億日圓，連續十五年居世界第一、國家形象世界第一、平均壽命最長世界第一、中等教育入學率達九十九點五成，居世界第一、高級鋼材的產量居世界第一、鋼材出口也居世界第一、研究開發經費支出占GDP的比重一直位居世界第一，最重要的是，日本人的人品廉潔更是世界第一。」

喜歡做世界第一的日本，就連觀光旅遊的行銷策略，也朝「到日本觀光來客世界第一」的目標邁進。

著名民間對日索賠人士王選曾就此撰文指出，中國人講崛起，日本人講第一。當日本人瞄準了某個「世界第一」之後，就仔細考慮，制定計畫，然後緊盯著那個方向，一步一腳印地接近目標，等那個「世界第一」到手之後，才開始說。對已成為自己「掌中之物」的「世界第一」，日本人說起來一點也不客氣，而且神氣十足。在日本人看來，還沒有成為「世界第一」的時候，不能說。說了，可能招致更大的競爭風險，萬一不成，還要被人笑話。

「無論如何爭取許多的世界第一，日本人勇於『面對自己的問題，解決自己的問題』的精神，便值得做為台灣發展觀光旅遊最好的借鏡。」鄭一賓說。

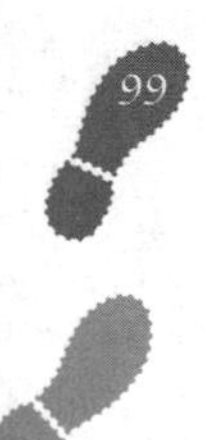

韓國觀光旅遊國策

日本政府為了實現二〇一〇年訪日外國遊客達到一千萬人次的目標，相關單位竭盡全力推廣日本觀光旅遊最優質的多面，那麼，台灣呢？台灣是否能以他國從事觀光旅遊的建設與宣傳為借鏡，尤其以鄰近的日本和近年來台灣遊客喜歡前往旅行的韓國的觀光行銷策略做參考呢？

二〇〇〇年九月，一則由《中國時報》記者張瓊慧撰述的報導：「他山之石：南韓訂定觀光為基本國策，成果斐然」，早已陳述觀光旅遊的宣傳，首重行銷，而行銷又必須著眼在旅遊景點最吸引人的特質。這一篇報導如此敘述：

韓國近年訂定觀光為基本國策，金大中前總統甚至親自粉墨登場拍攝廣告片，為韓國觀光宣傳；為配合觀光政策，原「文化體育部」也變身為「文化觀光部」，旗下有編制整齊的「韓國觀光公社」執掌相關業務。

韓國傲稱從國家元首到計程車司機都為發展觀光而努力，而全國上行下效的成果斐然，年來訪韓的外國旅客人數即高達四百七十萬人，為歷年最高，其中來自近鄰的日本即占兩百餘萬人。韓國劍及履及、收效宏大的觀光政策，值得借鏡。

消費力優越的日本觀光客，不但是台灣的主要外國客源，也是韓國主力爭取的對象。

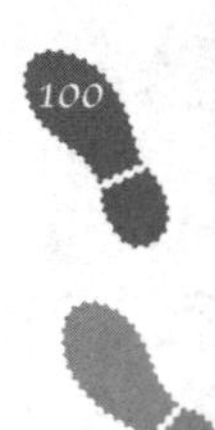

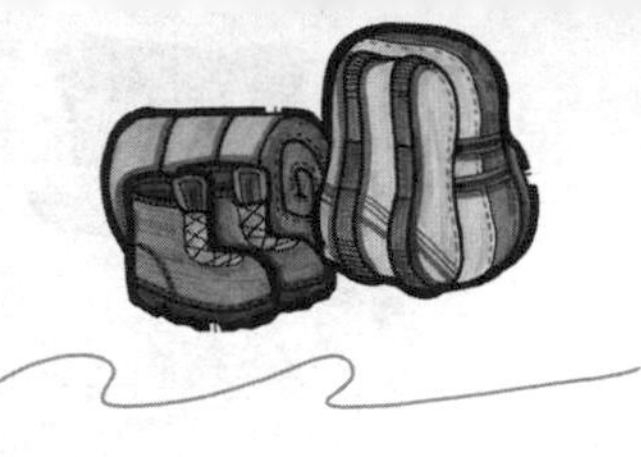

韓國以物美價廉的旅遊品質吸引外國訪客，更擅長以自豪的文化傳統為旅程增色，其中包括為日本旅客量身打造的深度歷史之旅，追溯韓日文化互動的淵源，用心尤其可貴。

針對日本旅遊族群的年輕化、女性化，韓國也因應有道，例如，首爾等各大都市，便即時出現了迎合日本女性觀光客的美容配套活動，內容從專業護膚到溫泉美容之旅等，專業化的規模越演越盛，連韓國女性也趨之若鶩，形成在地一股新的消費文化。

據日本觀光協會統計，四月底至五月上旬的日本黃金周期，日本赴海外旅客約五十八萬餘人，而在所有地區之中，日本觀光客旅遊意願最高的國家便是南韓，約有七萬五千人前往。同期有近兩萬五千名日本觀光客訪台。

這是二〇〇〇年一則相關於旅遊的報導，時至今日，日本觀光客來台旅遊的意願，是否已逐年提升增加了呢？

二〇〇八年二月二十五日的《中國時報》也提出一則關於他山之石可以攻錯的觀光論點，標題為「政府輔導拍戲拚觀光南韓奇蹟」的報導說：

用戲劇拚觀光，韓國堪稱傳奇與經典。台灣要取經，這其中牽涉兩單位，一是新聞局，一是觀光局。但目前，顯然幾乎是由觀光局甚至是戲劇製作單位自行

拚觀光，若說這兩年有點成效，和新聞局關係不大。

十年前，韓國政府欲借影視產業拓展海外市場，即便以「傾銷」方式把戲劇節目販賣到亞洲各國，一集約美金五百至八百元，比起貴得要命的日劇，顯然韓劇更具經濟效益；另外，每賣出一集，政府便有補助，讓製作單位的損失降低，進而心甘情願配合政策。

那時，最知名的該是由車仁表、李英愛主演的八大韓劇「火花」，收視率飆高，且多次重播，兩人也因此走紅，培養一批死忠的台灣粉絲；車仁表及其藝人老婆申愛羅對台灣情感深厚，甚至捐款百萬給家扶基金，還認養不少孩童，回饋台灣粉絲對他們的支持。

接著，「藍色生死戀」、「愛上女主播」「情定大飯店」、「夏日香氣」、「冬季戀歌」、「浪漫滿屋」、「巴黎戀人」、「大長今」，到最近的「太王四神記」、「咖啡王子1號店」，本來一集僅幾百美金的戲，已經飆衝到三萬美金左右，十年前後，先蠶食，再上癮。

從車仁表、李英愛、蔡琳、裴勇俊、宋慧喬、李秉憲、宋承憲、元彬、RAIN到尹恩惠、孔侑，一批批韓國演員陸續登台搶錢。而在台走紅的韓劇也帶動追景熱潮，旅行社推出各種相關行程，其中，李英愛的「大長今」拍攝景點從南到北，無論是實景或搭景，吸引許多台灣影迷朝聖。韓劇也帶動粉絲對其飲食、文化與流行商品的嚮往，「影視事業拚觀光」成為各國話題與借鏡。

值得一提的是，南韓影視文化產業之所以能擴及全亞洲，除了政府輔導與介入，最重要是「競爭力」；具備競爭力條件之一，便是龐大資金與優秀編導人才。

韓國政府鼓勵企業投資拍戲，方法之一是減免稅，有了企業的支持，財源不是問題，優秀人才留得住，品質當然有保證。

目前台灣多數製作單位仍處於獨立奮戰的階段，不少製作人表示，「講整合，還是要強而有力的公權力單位介入擔任超然角色，可惜，台灣鎖國十年，相關單位對韓國影視產業的發展仍處於『觀望』中，已經觀望N年了，大家仍在自救狀態，老實說，台灣獨立影視製作公司在援助極少情況下攻入日、韓，已經很厲害了。」

韓國拚觀光，政府和民間齊心齊力，共同締造出旅遊新契機；而相對於到日本旅遊的台灣觀光客人次，遠超過日本旅客來台的人次，這種逆差的數據看來，台灣應當如何建立更美好、更穩固的旅遊環境，以及如何有效率的運用行銷策略，做為招攬更多國外觀光客來台旅遊的指標，自然是不容忽視的當務之急；藉由他山之石的力量，參考別的國家是如何做好具有吸引力的觀光旅遊企劃與執行能力，又如何能成為台灣推廣觀光旅遊的最好借鏡，都是值得國內觀光旅遊的相關單位齊心並進，共同思索與整合推廣。

日本觀光旅遊策略

再看，二〇〇八年二月六日，來自《日本共同社》發布了一則有關日本旅遊的新聞報導，如此描述：

日本國際觀光振興機構（JNTO）公布了〇六年夏季到〇七年冬季，訪日外國遊客的觀光地點排行榜（前二十位）。一到五位依次為新宿、大阪市、京都市、銀座和澀谷，新宿連續三年高居榜首。

東京和關西的排名靠前，占外國遊客人數四成的韓國遊客還青睞九州大分縣的別府和熊本縣的阿蘇山。札幌郊外的定山溪等北海道景點則在台灣和香港遊客中頗有人氣。

韓國遊客到訪最多的是新宿，其次為大阪市和九州福岡市，別府、阿蘇山和熊本市也進入韓國遊客觀光地點排行榜的前二十位。據日本國際觀光振興機構分析，九州受韓國遊客歡迎的原因在於「地理上距韓國較近，可便利地泡溫泉、欣賞自然風光和購物」。

在台灣和香港遊客的觀光地點排行榜中，既可滑雪又可泡溫泉的札幌定山溪都排名靠前，北海道的小樽和富良野也占據較好的名次。大阪市和京都市深受中國大陸遊客的歡迎，神奈川縣的箱根和富士山也人氣較高。

調查對象約一萬三千八百人。日本國際觀光振興機構認為新宿「住宿方便，有歌舞伎町等獨特的繁華區，購物的遊客很多」，因此常據排行榜首位。

同年三月十日，《日本共同社》又發布了一則有關日本的旅遊的新聞稿，內文如此描述：

日本國土交通省決定，〇八年計劃吸引外國遊客九百一十五萬人，比〇七年增長九點六成。針對韓國與台灣等十二個國家和地區不同性別與年齡層的遊客，國交省將進行相應的宣傳。

〇七年訪日遊客最多的是韓國，其次是台灣、中國大陸、美國、香港。對遊客人數排名前十二位的國家和地區，國交省將提供更為詳細的旅遊訊息，宣傳日本的魅力。

〇七年約有二百六十萬韓國遊客訪日。國交省將向二、三十歲的韓國女性遊客提供東京原宿和表參道等地的最新購物和餐飲訊息。

針對中國市場，將面向北京、上海等地的富裕階層推出「全家遊」的觀光項目。

為吸引英國的滑雪愛好者，國交省將大力宣傳「北海道滑雪遊」。

日本政府計劃在二〇一〇年實現訪日外國遊客達一千萬人的目標，目前正在

開展「訪問日本宣傳活動（Visit Japan Campaign）」。〇七年的外國遊客人數達八百三十五萬人，比上年大幅增長了十三點八成。但是，日圓升值等負面因素依然存在。國交省表示：「〇八年也將進行細緻的宣傳，希望能達成目標」。

同年四月五日，《日本共同社》再度發布了另一則有關日本的旅遊的新聞報導，內容如此描述：

日本國際觀光振興機構（JNTO）宣布，為了實現二〇一〇年日本人出境遊人數增至二千萬人次的目標，將與政府和旅遊業界共同舉辦「世界遊促進活動（Visit World Campaign）」。計劃採取的措施包括：舉辦相關活動向年輕人宣傳出境遊，靈活利用地方機場的班機和包機以增加遊客人數，號召人們享受法定假期等。

二〇〇七年約有一千七百三十萬日本人去海外旅遊。由於個人消費低迷等影響，這一數字，四年來首次出現比同期減少。協會等計劃在二〇〇八年使出境遊人數增至一千八百萬，之後每年遞增一百萬人次。

為推進宣傳活動，由旅遊和航空業的經營者、相關團體負責人等約二十人組成的特別委員會在東京召開首次會議。擔任委員長的JTB公司社長佐佐木隆在記者會上表示，遊客減少，給旅行社帶來很強的危機感，「希望能激發大家出國旅遊的熱情」。

日本政府在二〇〇七年六月制定的「觀光立國推進基本計畫」中，也提出了到二〇一〇年使出境旅遊人數增至二千萬的目標。

日本的國際觀光振興機構（JNTO）同時針對訪日外國遊客進行了一項問卷調查，結果顯示，外國遊客對日式料理抱有濃厚興趣，也即是說，外國旅客到日本最大的樂趣就是品嘗日式料理。

該機構利用東京的對外綜合觀光導遊處，利用七月到九月，特別針對外國的遊客進行了問卷調查，收到約七百份回答。

關於「最感興趣的體驗」（多項選擇）一問，回答「品嘗日本料理」者的比率高達七一．二%，其後依次是「日本傳統建築」四九．二%、「日本庭園」四六．三%、「溫泉」三五．五%。

許多人回答稱在日觀光期間最美好的是「吃」。最受歡迎的料理有生魚片、壽司、蕎麥麵、烏龍麵、日式拉麵、御好燒（什錦煎餅，如大阪燒）等。也有人回答「料理品種豐富」、「喜歡居酒屋」。

在購物調查欄中，在衣物、和服、數位相機之後，名列第四名到第六名的依次是日本茶、日本酒和日式點心。

該機構表示：「十一月發售的東京版《米其林指南》中有八家三星級餐廳，

其中日式餐廳就占了五家。可以期待今後將有更多遊客來日本品嘗日式料理。」

台灣觀光旅遊空間

日本的觀光旅遊行銷是這樣做的，台灣呢？台灣的觀光旅遊到底要怎麼做，才能招徠更多觀光客來台遊玩呢？

《中國時報》記者張瓊慧在她一篇名為〈吸引遠親近鄰 台灣站起來〉的報導中如此敘述與建議：

日本亞細亞航空最近以偶像明星金城武為台灣代言人，大力促銷台灣旅遊，一接近關西、成田國際機場，占地廣大的日亞航櫃檯，就逃不出金城武巨照底深情的雙眸。

經常往返台日的旅客不難發現，最近來台的日本人變年輕了，少了成群結隊的歐吉桑，多了一身輕裝的少年郎。以當紅的青春偶像金城武現身說法，不但說明了市場結構轉變，也是台灣觀光市場尚有可為的有力證明。

影片中英氣逼人的金城武吃著小籠包、逛饒河街夜市，讓日本年輕人愛屋及烏為台灣傾倒，台灣也在無意中被賦予全新的魅力，東京甚至出現「哈台族」，此一現象或許可以推論為日本觀光業市場競爭下的成果，但不禁令人想問，台灣為自己塑造了甚麼形象？

日本觀光客一向是台灣最主要的外國客源，根據中華民國觀光局最新資料，日本客源約占台灣整體觀光客的四十％，居次的美國只占約十五％。因此，業者與官方都承認，日本觀光客為台灣inbound（外國人訪台）觀光市場的主力。

日本旅客的生態近年發生明顯的變化，而以訪台的日本旅客漸改參團傳統，影響市場最鉅，尤其是年輕客層大幅度增加；這波旅遊新貴一反過去參團到底的型態，而更傾向自主行，或採取較經濟的作法，例如：先在日本報名旅行團，一抵台就解散，進行自由活動等。

觀光局的統計也證實了此一現象，近年來台旅客以「觀光」為目的僅占三二．一％，抱「業務」目的則超過半數，多數旅客係以「自行來台未請本地旅行社安排活動」的方式來台。

旅遊生態在變，但較之如日亞航明快積極的「誘客」到台灣之策略，台灣觀光主管當局及旅遊業界的因應則幾乎處於消極的狀態，除了少數業者有能力主動調整行程應變之外，目前國內旅行業界提供來台日本旅客的基本活動，仍然是參觀故宮博物院等典型旅遊行程，變化十分有限。

據瞭解，大部分的日本年輕旅客多採取「自力更生」的玩法，其中又以逛夜市、Pub，到電腦街買電腦及搭捷運遊台北為主，旅遊相關產業能掌握的成分可以說越來越少。

從業超過二十五年的資深導遊鄭國榮認為，台灣旅遊產業難以吸引外國訪

客，除了大勢變化所趨或天災所造成的原因之外，政府相關單位做得太少，加上法令窒礙，長期以來觀光風景區缺乏整體性開發、相關設備不見長足進展，也值得探討。

當國人儼然成為日本等國觀光業界眼中的大戶，卻不見爭取外國旅客來台觀光受到相對的重視，此一現象，無疑說明了相關單位及業界需要努力的空間仍大。

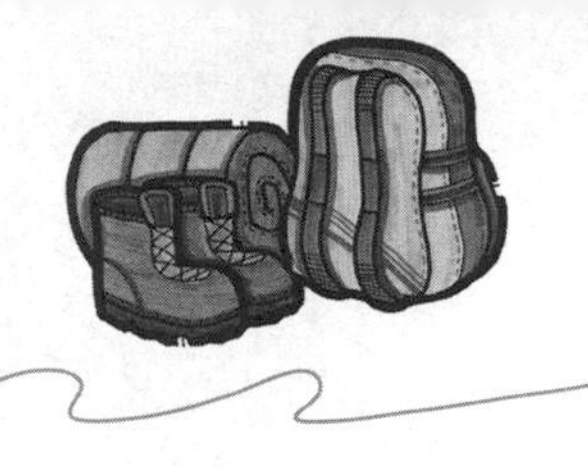

旅行札記

綜合上述日韓對於各該國觀光旅遊所抱持的行銷策略，至少可以得見這兩個競爭力強的觀光對手，在觀光旅遊品質和行銷上，具有下列優勢：

1. 日本社會重視有關旅遊安全、禮儀、美化、整潔，以及設施人性化的完備景點規劃。
2. 日本政府規劃順暢的交通環境、人民做事講究效率、商家包裝精美的購物天堂、設計優雅的消費環境，無不使遊客感動在心。
3. 日本政府發布台灣人到日本旅遊免簽證的法令，「說走就走」使台灣旅客到日本旅遊的人數快速成長。
4. 日本人保有居安思危與未雨綢繆的精神，使旅遊增添安全感。
5. 日本政府與旅遊業合作舉辦向年輕人宣傳出境遊的活動，新穎、創意，深受歡迎。
6. 日本政府利用地方機場的班機和包機增進遊客人數。
7. 日本人凡事喜歡爭取世界第一的信念，促使旅遊環境更具國際觀。
8. 韓國為因應女性遊客，創造以美容為旅遊特色的巧思。
9. 韓國以戲劇拚觀光，創造偶像，加速追星族到韓國旅遊的機率。
10. 為了協助以戲劇拚觀光，韓國政府對演藝界減免稅收，企業界也相對出資支援。

第二篇

福爾摩沙 驚豔全球

第四章　建構美麗台灣的旅遊面向

台灣的確很美，除了名震遐邇的故宮古文物、鼎泰豐的小籠包、珍珠奶茶、蚵仔煎、一〇一大樓、饒河街夜市、臨江街夜市、阿里山日出、日月潭遊湖、二十四小時營業的大型書店，還有更多名山好水，值得遊歷。

北部地區著名的旅遊景點有：野柳奇石、九份老街、金瓜石、淡水老街、拉拉山、烏來瀑布、石門水庫、鶯歌陶瓷、金山溫泉等；中部地區有：木雕博物館、合歡山、高美溼地、東勢林場、新社古堡、廬山溫泉、清境農場、武陵農場、奧萬大、日月潭、草嶺風景區等；南部地區有：七股潟湖、七股鹽山、關子嶺泥漿溫泉、安平古堡、赤崁樓、茂林風景區、寶來溫泉、茗濃溪、小琉球、西子灣風景區、高雄愛河等；東部地區有：蘇澳冷泉、礁溪溫泉、鯉魚潭、花蓮海洋公園、瑞穗牧場、綠島、石雨傘、三仙台、知本溫泉等；以及澎湖群島的海岸風光與海蝕平台等，不僅名聞國內外，近年來，更成為台灣的旅遊形象與標誌。

美麗的台灣以海島型特有的山林風貌名滿遠近，除卻上述所提景點之外，位在台北市近郊，以火山地形著稱的陽明山國家公園；橫跨新竹、苗栗兩縣，以台灣特有種櫻花鉤吻鮭著稱的雪霸國家公園；位於東部花蓮縣境內，以立霧溪畔高聳深邃的峽谷地形聞名國內外的太魯閣國家公園；橫跨中部數縣市的玉山國家公園；以燦爛陽光聞名，位於台灣最南端，充滿南洋風味的墾丁國家公園；還有以戰地文物地景著名的金門國家公園，以及北部橫貫公路、中部橫貫公路、南部橫貫公路沿途的山林風景，這些山水景致除了供做旅遊，觀賞秀麗或壯闊的山脈景色之外，還有豐富的自然生態，以及落實生態保育的活動，甚至歷史人文供做研究。

其他如：北海岸及觀音山風景區、東北角暨宜蘭海岸風景區、日月潭風景區、阿里山風景區、西拉雅風景區、雲嘉南濱海風景區、大鵬灣風景區、東部海岸風景區、花東縱谷風景區、馬祖風景區、參山風景區等自然旅遊區，資源更為豐富，這些經過規劃而後開放給一般民眾遊樂的著名風景區，現今已成為觀光旅遊的好去處。

被全球自助旅行者奉為聖經的《寂寞星球旅遊指南（Lonely Planet）》，在這本厚達三百九十二頁的旅遊指南裡，以歐美人士的觀點看台灣，書中規劃了三條旅行台灣的經典路線：兩個禮拜玩東海岸、一個月走台灣西部、三個禮拜跳島旅行玩台灣島嶼。

書的一開頭，就列出該書所推薦的台灣十大特色玩法，依序為：基隆廟口、元宵節、澎湖二崁村、南橫公路、草嶺古道、澎湖吉貝沙灘、墾丁春天吶喊、嘉義交趾陶博物館、京華城、高雄英國領事館。台灣官方對大陸客極力宣傳推廣的阿里山、日月潭、故宮反而不在這十大裡面。

反觀，交通部觀光局於二〇〇七年完成的年度來台消費與動向調查中，來台

旅客最愛遊覽的十大景點，依照名次分別為：士林夜市、故宮博物院、台北一〇一、台灣民主紀念館（原稱：中正紀念堂）、九份、萬華龍山寺、圓山忠烈祠、西門町、淡水、太魯閣及天祥。

台灣發展觀光旅遊的年代

台灣發展觀光旅遊的年代，其歷史淵源由來已久，甚至可以追溯到清朝時代，《中國時報》旅遊記者柯焜耀便曾在他一篇報導中，翔實的記錄與介紹台灣觀光旅遊發展的主要過程與經過，他的這一篇文章可以對照出自清朝以來、日治時期，一直到近期的台灣觀光旅遊業的演繹。

台灣地區的旅遊活動與風景區，可追溯到清朝，清康熙年間（一六九四年）由高拱乾所編纂的《台灣府志》中，就選了八個地點為「台灣八景」，不過這八景都是位於當時台灣的重心—台南，也都是官方強附風雅的官樣風景，包括安平、鹿耳門、鯤鯓（今稱南鯤鯓）等都名列其中。

到了日治時代，台灣的風景區發展開始有了大略的雛形，一九二七年日方的「台灣日日新聞社」以投票方式選出了新的台灣八景十二名勝及別格。其中，八景指：旭丘（現今基隆港海軍醫院一帶）、淡水、八仙山、日月潭、阿里山、壽山、鵝鑾鼻、東海岸斷崖；十二名勝為：草山北投、新店、大溪、角板山、霧

社、虎頭山、旗山、大里簡和太平山，別格則指：神威台灣神社（現為台北圓山大飯店）和新高山（玉山）。

到了二次大戰以及國民政府遷台初期，因台灣百廢待舉、人民生活清苦，旅遊活動顯得相當冷清，不過台灣省文獻會仍於一九五三年選出了新的台灣八景：玉山積雪、阿里山雲海、雙潭秋色（日月潭）、大屯秋色、安平夕照、清水斷崖、魯谷幽峽（太魯閣）、澎湖漁火，可見當時對台灣這片土地資源已有了較清楚的認識。

政府開始重視台灣觀光旅遊事業，可說自五〇年代開始，當時中央（交通部）和地方（省政府）都已成立了觀光主管單位。一九六八年還聘請國外專家來台勘查並完成一項「台灣風景區開發計劃綱要」，選出野柳、烏來、石門水庫、日月潭、阿里山、恆春、碧潭、太魯閣、澄清湖及八卦山十處為風景特定區。

國民政府甚至還成立了一個由郵政總局、電信總局及六家大銀行共同認股的半官方機構「中華觀光開發公司」，大張旗鼓地準備投資台灣的觀光產業，不過後來因業績不彰，沒一兩年便銷聲匿跡，正是「雷聲大，雨點小」的最佳寫照。

不過，六〇年代來華的觀光客突飛猛進，政府與民間也想盡辦法招徠日本的觀光客，因而在一九七六年的來華觀光客突破了百萬人次。但伴隨著一波波日本觀光客而來的，是北投、中山北路的色情氾濫。為此，觀光局曾主動邀請日本媒體的廿名女記者來台採訪，採訪重點是：台灣是男人的樂園嗎？但安排的行程是

陽明山、日月潭、梨山、太魯閣、阿里山、墾丁等地，結果女記者們一致表示的答案是：台灣是女人的樂園。

除此，一九七九年七月廿九日時任台北市長的李登輝巡視北投時，明令自當年十月卅一日起北投「侍應生戶」停止營業，也就是宣布北投禁娼的開始，也開始了北投長夜漫漫的「觀光黑暗期」。

到了七〇年代，可說是台灣各風景區發展起飛的階段，這個年代，台灣人民開始感受「台灣錢淹腳目」的滋味，台北市的消費高居東亞第二名（比紐約還高），而麥當勞、7-ELEVEN等國際性連鎖商店在台生根，有錢有閒的台灣人開始注重旅遊，政府也加緊腳步規劃風景區。例如觀光局成立了東北角、東海岸等國家級風景區，省旅遊局大力開發北海岸、觀音山、八卦山、茂林等省級風景區，內政部也先後成立了墾丁、玉山、陽明山、太魯閣四座國家公園。

另外，民間也開始投資大型的遊樂區，一九八七年指南宮樂園已沒落，但亞哥花園擠入全台風景區遊客排行榜的第四名；另外，桃園龍潭的小人國於一九八四年七月落成，也成為台灣與日本遊客注目的焦點。

八〇年代是台灣觀光業走向國際化、精緻化的階段，除了國際性的旅展與觀光活動如台北燈會、中華美食節等規模愈來愈大外，民眾也開始捨棄「大口吃肉」、「走馬看花」的舊式旅遊型態，而改走定點、主題、深度、優質的旅遊風格，各大風景區也開始轉型迎合民眾的口味。而以鄉鎮、農牧場、原住民部落等小單位的風景點，也在這種趨勢下崛起。

八〇年代重要的國民旅遊盛事中，包括一九九二年與一九九五年分別成立雪霸和金門國家公園，生態與知性旅遊也更受歡迎。另外，一九九四年奧萬大森林遊樂區開放，引發了台灣一陣賞楓的熱潮；一九九六年螢火蟲成為生態旅遊的主角，一九九七年東海岸興起賞鯨豚的熱潮，二〇〇〇年白河蓮花、龜山島開放觀光也都為該年的台灣之旅增色不少。

不過，八〇年代後期卻是風景區多災多難的慘淡歲月，例如一九九七年三月起台灣爆發「口蹄疫」疫情，不少農牧場及國家公園為之關閉；一九九八年五月起流行「腸病毒」，暑假中各地水上遊樂區、游泳池與海水浴場乏人問津，同年七月十一日發生「瑞里大地震」，阿里山區的觀光業跌落谷底；一九九九年中部發生「九二一大地震」，重創了南投、台中、雲林與嘉義的風景區；二〇〇〇年夏季碧利斯等颱風接踵而至，嚇跑了原本信心脆弱的遊客。

半世紀的台灣風景區發展史，目前正處在災難的哀嘆聲中。而在短暫的療傷止痛之後，馬上就得面對嶄新新世紀的來臨。二〇〇一年開始，政府實施全面性的周休二日，使得台灣休假增多，勢必對風景區的發展產生深遠的影響；除此，在不久的將來，台灣加入世界貿易組織（WTO）、台灣開放大陸人士來台旅遊等，也將成為台灣風景區發展重要的里程，這部旅遊電影的情節也將不斷地演下去。

這一篇充滿敘述性而又條理分明的台灣觀光旅遊發展動脈史，使人清楚的瞭解與認識台灣半世紀以來，觀光旅遊艱辛的演變過程，尤其面對著新世紀，在世界各國對於觀光旅遊競爭激烈的局面裡，台灣如何在這個紛爭激烈的市場中，討得最有力的一塊大餅？

就連來台觀光旅遊的日本大學生櫻井修等人也在離台前表示，台灣觀光產值越來越好，他們來台訪問期間，對於所見觀光環境的設施與台灣人的旅遊概念愈發健全，都留下深刻的印象。

「我們會再來的，」櫻井修等人表示：「旅遊期間，我們見識到台灣人真摯而溫暖的人情味，真好。」

台灣的確真美，真好玩。

建構美麗台灣的旅遊面向

二〇〇八年，觀光局賴瑟珍局長提出「二〇〇八～二〇〇九旅行台灣年」，將繼續推動「台灣觀光發展三年衝刺計畫（二〇〇七～二〇〇九年）」，她說，將以「建構美麗台灣」、「形塑特色台灣」、「營造友善台灣」、「確保品質台灣」、「加強行銷台灣」等五大面向，針對國內外旅行業者及旅客提出獎勵促銷措施、推出具特色之旅遊產品、強化國際宣傳、營造友善旅遊環境，以及提升從業人員服務品質等具體措施，創造永續發展的台灣觀光榮景。

賴瑟珍局長在觀光局的網頁專文中表示，二〇〇八年觀光局將以國際旅客參訪最多的景點為中心，兼顧及點、線、面的全面改善，加強交通及旅遊服務網絡，提升旅遊品質，打造友善優質的旅遊區帶。除了三十三條路線的統一品牌台灣觀光巴士之外，觀光局也將持續補助地方政府，以利各地方的旅遊重點發展計畫，並輔導旅館業取得獎勵觀光產業優惠貸款，提升旅館硬體品質。

除此之外，各重要交通據點依統一形象識別系統（CIS）建置旅遊服務中心，提供多語文版資訊服務。觀光局也將在新的年度推動「Taiwan Host觀光大使」計畫，營造全民迎賓氛圍，並且落實查核旅遊設施及品質的評鑑。

賴局長說：「加強台灣品牌形象確實是重要的建設方針。」還說：「觀光局將會在『旅行台灣年』的既有基礎上，整合資源，以舉辦活動方式加強國際宣傳，建立台灣觀光品牌形象，並且針對媒體行銷以及不同地區旅客推動一系列活動。

尤其，在全球市場方面，必須擴大邀請海外媒體來台採訪的人次，並靈活運用網路行銷，加強行銷特色主題。二〇〇八年以National Geographic的品牌為台灣旅遊產品代言；印製追星手冊、登山護照、最佳婚紗地點與懷舊之旅等宣傳品與拍攝宣傳影帶，並與Discovery、ESPN、CNBC等國際知名電視頻道合作。

此外，賴局長也表示，觀光局將持續舉辦大型公關活動，打響台灣旅遊創意知名度。再者，加強異業結盟，在其歐洲銷售據點置放台灣旅遊文宣品並播放觀

光宣傳影帶，同時推出抽獎促銷活動。

賴局長在專文中強調，將針對各地區旅客，以不同方式行銷；她說：「目前來台灣觀光旅客主要來自日韓地區、香港星馬地區以及歐美地區。日韓地區以二十至五十九歲的女性與銀髮族為主要行銷對象，由偶像團體F4做為代言人，將觀光景點融入偶像劇場景，搭配周邊產品與大型活動宣傳。香港星馬地區則以自由行、家庭與重遊客為主，由蔡依林和吳念真為代言人，以年輕時尚和在地傳統深度報導，並以四季主題優質新行程提升品牌形象。」

另外，以華僑第二代與商務客為主的歐美地區，她說：「將加強通路的拓展，目前已有德、英、法等國之大型知名旅行社販售台灣行程，預計將增加通路達二十%，並透過七十九美元遊台灣的活動，吸引更多過境旅客。」

賴瑟珍局長同時提供了亞太地區近十年來吸引國際觀光客成長率高達八八%的數據，來說明亞洲是全球僅次於歐洲的觀光市場。她說：「依據世界經濟論壇（WEF）公布的『二〇〇七年觀光旅遊競爭力報告』，台灣在觀光競爭力的世界總排名是三十名，亞洲第四名，僅次於香港、新加坡、日本。」

賴局長更在網頁專文中提及，台灣的相對優勢項目分別為「人力、文化及自然資源」、「企業環境與基礎建設」、「觀光旅遊規範架構」；台灣擁有太魯閣、故宮、日月潭、台北一〇一等世界級的觀光資源和豐厚的文化資產，能夠提供國際旅客一個便利、優質、友善的旅遊環境。

然而，台灣的觀光是否還具有競爭力？台灣的觀光競爭力到底在那裡？

甚麼才是台灣的美？甚麼才是台灣的好呢？

有計畫的提出台灣觀光旅遊的未來走向，固然是值得支持與挺進的好開端，然而，如何執行？執行是否得當？是否徹底執行？如何改進？都是觀光局及各縣市相關旅遊執行單位該重視的主要議題。

尤其，當觀光建設以「顧客導向」為思維時，地方政府所開發的風景區，多數著重於建設卻缺乏管理，其旅遊點周邊的人文觀光資源品質為人所詬病；公共建設及民間建築景觀，均忽略維護與管理；新開設的遊樂地區，也未做整體性規劃，雜亂無章；路標公里數不清不明、英文路標的文字未統一；業者不守法、政府公權力不張，以致到處出現違規遊樂區、民宿、路邊攤等不當設施，這種有礙觀瞻、有阻觀光發展的「建設」，如何能不改善或取締呢？

調查委員趙榮耀在接受本書作者訪問時，便列舉花蓮海洋公園說：「花蓮海洋公園的內部設施完善、美輪美奐，具備有國際水準，但公園外面的景況就不是同一個樣了。」

這種沒能關注全面旅遊品質的狀態，即是當前台灣觀光景點最使人感到掃興與詬病的現象。

多年來，政府和民間都想認真而有效的把台灣的美、台灣的好推薦給全世

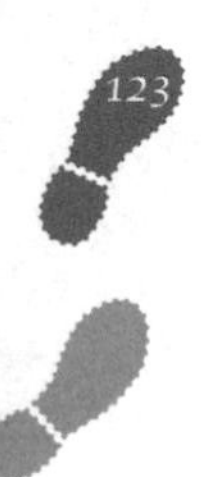

界，但是，甚麼才是台灣的美？台灣的好呢？

提到平溪，馬上令人想到天燈；提到金門，就想到風獅爺和貢糖；提到鶯歌，馬上聯想到陶瓷；提到基隆，當然是廟口小吃了；提到淡水，就是鐵蛋囉！那麼，提到台灣呢？會讓人想到甚麼？大腸麵線？北回歸線？颱風？原住民？珍珠奶茶？還是髒亂？

許多人都知道台灣各地方的特色或形象，但卻不知道台灣的形象或特色在那裡？

連台灣人都不知道台灣的形象和特色是甚麼？更遑論外國觀光客怎麼會明白呢？

推動觀光發展，特色是非常重要的行銷賣點，許多地方政府在處理觀光業務時也都知道這個道理，卻只知一味地求發展，不懂創意，台南縣有蓮花季，桃園觀音鄉有蓮花節；屏東縣有鮪魚季，台東縣有旗魚節；烏來鄉有櫻花季，許多地方也有櫻花季；內灣有螢火蟲季，各地也都興起賞螢火蟲的活動；陽明山有溫泉季，全台灣許多有溫泉的地方，也都群起爭相舉辦溫泉季的活動。

這裡一個季那裡一個節，一時之間，全台灣到處都在舉辦甚麼季甚麼節的，不懂區隔和創意的結果，就是讓一般遊客不知道要選擇到那裡去玩？最後形成惡性循環，集客力和吸引力減弱了以後，觀光品質下降、活動方式千篇一律，遊客沒有了新鮮感，便那兒都不去了。

趙榮耀委員便說：「例如日月潭，她的文化特色是甚麼？如何彰顯？這是值得旅遊和文化單位思索的好問題。」

要把台灣的好和美呈現出來，除了觀光產業創意化之外，觀光客倍增計畫推動機制，事實上仍存在著諸多問題，國際航線問題、機票價格問題、飯店服務人員的人數和住宿價格與服務品質問題、觀光旅遊路線整合問題、英文路標不一的交通問題、觀光景點衛生環境髒亂的問題等，都亟待各方主其事的單位，改善與重整。

旅行札記

綜合上述關於台灣觀光旅遊發展，雖有特點但仍有缺失，值得改進。特點：

1. 台灣人真摯而溫暖的人情味，常給國外遊客留下深刻的印象。
2. 「人力、文化及自然資源」、「企業環境與基礎建設」、「觀光旅遊規範架構」的企劃力，對觀光旅遊產生新的意識。
3. 台灣擁有太魯閣、故宮、日月潭、台北一〇一等世界級的觀光資源和豐厚的文化資產，能夠提供國際旅客一個便利、優質、友善的旅遊環境。

缺點：

1. 台灣的形象或特色不明。
2. 政府開發的景點，多數只著重於建設卻缺乏管理。
3. 旅遊點周邊的人文觀光資源、品質與衛生常為人所詬病。
4. 公共建設及民間建築景觀，均忽略維護與管理。
5. 新開設的遊樂地區，未做整體性規劃，雜亂無章，觀光景點區衛生環境髒亂。
6. 路標公里數不清不楚、英文路標文字未統一。
7. 業者不守法、政府公權力不張，以致到處出現違規遊樂區、民宿、路邊攤等不當設施。
8. 政府單位只知一味建設，卻不重視創意與文化美學。
9. 國際航線與機票價格變化太大，影響旅遊興致的問題。
10. 飯店服務人員的人數和住宿價格與服務品質不佳的問題。
11. 高速鐵路讓台灣南北往來差距縮減，也使旅遊更加便捷，但高級的享受，乘客的乘車水平卻未見提升。穿夾腳拖鞋、小孩哭鬧、婦人謾罵聲、高談闊論等時而可見，徒留給人不好印象。
12. 負責運送觀光客的台鐵經常性誤點、車廂老舊、軌道起伏不穩、服務水準不如捷運，未見改善。

第五章　到山區與農場旅行去

根據歷年觀光外匯收支的統計顯示，觀光外匯的收入雖然有逐漸成長的跡象，但是與出國旅行支出比較起來，仍然出現高度的逆差。由於台灣曾經受到SARS風暴影響，近年來，外籍旅客來台旅遊觀光的人次也明顯減少許多，直到二〇〇四年二月二十三日，監察院調查委員們針對「觀光客倍增計畫」進行專案調查研究時，仍未見具體成效。

這一段時間以來，僅見國家風景區管理處紛紛成立，行政資源與人力分散的結果，相對降低整體國家風景區的建設經營成效與服務品質。長期以來，國內觀光遊憩品質雖然已在逐步改善當中，但仍然無法吸引住更多國內的民眾前往觀光區旅遊，對生活在美麗寶島的國人來說，這實在是一大諷刺。

不論山區或海岸，台灣的確充滿許多值得前往旅遊的已開發和未開發的美麗景點，這些景點儘管仍有美中不足的瑕疵，例如交通標誌設施問題、安全管理問題、景觀維護問題，以及風景區周邊的環境衛生問題等，遊客嫌惡之餘，相關單位改善之前，台灣的大自然之美仍如飛行在天際的三足鳥，發出耀眼光澤那樣的矗立在大地上，任憑眾人遊覽觀賞。

一群從事教育工作的我國年輕教師，在旅遊日本期間，曾經受到地主的熱忱

款待，協助完成日本的悠遊之旅，這幾位日本年輕的大學生，於某年暑假期間，以訪問的名義來到台灣，進行為期一個月的台灣旅遊觀察與休閒之旅。

就在櫻井修、今岡為之，以及另外兩位初見面的日本大學生三島浩之與渡邊雄三，來到台灣旅遊當兒，台灣這一批熱情兼具熱心的年輕教師，包括沈文寧、黃修司、劉心宜、陳靜芳等人，決定充當嚮導，以國人特有殷勤的待客之道，帶領這四位日本大學生，深入台灣山區風景點，見識台灣山脈之美，以及原住民部落樸實寧靜與風雅清華的山水景致，同時表現國人好客的情愫。

那是八月初颱風來臨前，天氣晴朗的某一天午後，第一站，這一批台日年輕人，驅車從台北出發，途經基隆濱海公路，來到宜蘭縣，再從宜蘭行進一程林間寬闊的山路，過棲蘭，進入風光宜人的台中縣和平鄉武陵農場，打算做為期四天的山脈與生態之旅。

從基隆濱海公路到武陵農場，沿途山光水色秀麗，忽而台灣海峽海天一色，忽而太平洋湛藍的汪洋大海，然後就在進入宜蘭縣大同鄉泰雅族的部落，所見山勢氣派非凡，使人動心不已之際，來自日本的櫻井修被這些壯麗的景色撼動，一再表示，台灣的山脈風景不亞於日本，對於這一座名叫雪山山脈沿線所展現使人動心、動容的風光，他說，並不會輸給日本東北地區立山奧之細道的景致，甚至日本其他著名山脈所屬的風景點。

同時，沿途公路的指標系統清楚而詳細，使這一群年輕人所駕駛的旅行車，順利的從宜蘭進入位於台中縣和平鄉的武陵農場。

看見武陵農場歷史與生態之美

一叢叢輝映綠光的樹影下，武陵農場屏息靜氣的躺臥在一片青色山脈之中，很久以來，旅人不曾看過那種在陽光照耀下發出黃澄澄亮燦光芒的美麗山色，那是一塊充滿桃花源景致的山中傳奇，日光毫不吝惜的鋪展著亮眼的燦爛色澤；清澈見底的七家灣溪，阡陌縱橫的品田山、池有山、桃山、喀拉業山、雪山、志佳陽大山、羅頁尾山都像經過聖水洗滌一般，閃爍無可避免的明晰光華。

上山的那一瞬間，這些人避開旅途的勞累情緒，整個人情不自禁的被這一大波綠光籠罩住了。

這是一趟輕快的發現台灣之美的旅行，這些人將利用數天的時間，活動在這片綠原山麓，同時藉機訪問曾在農場服務的第一代和第二代墾員，閒聊他們近四十年山居歲月，艱辛生活的點滴。

透過在農場服務三十餘年的副場長李清彬先生的熱心引介，以及農場企劃組組長張光輝先生、組員呂仕仁先生的安排、招待，順利從中尋訪到在武陵農場開墾了三十年以上的第一代墾員毛雲臣、遲洪江、叢廣正、鄭金富、張水生，以及第二代場員黃明順、周思源、卓志民、張榮發，同時更從進場服務超過三十年的副場長李清彬的口述中，獲得武陵農場墾荒期、建設期的各項歷史資料。

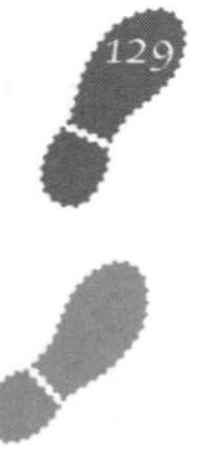

沐浴在武陵農場的風與日光中，沐浴在墾員口述歷史的回憶中，一如被鋸割的老樹，那橫斷面上曲折有致的鮮明年輪，暴露在被沉埋許久的記憶深處。

受訪的榮民弟兄，臉上流露的那種莊嚴聖潔的氣勢，正是這些人將青春歲月奉獻給武陵土地的極致榮耀，這一輩子恐怕再也不會出現第二次，像這種以持續意志力完成、挑戰孤寂生命的艱困行動。

這一群台日年輕人在這些老榮民的身上，看見辛酸、看見無依，也看見驕傲。

本書作者於採訪過程中，得力於企劃組組員呂仕仁的協助最多。出生於宜蘭礁溪鄉的呂仕仁，一九八二年畢業於宜蘭農工農場經營科，求學期間，將近一個學期的時間，他在建教合作的實習機會裡，跟著張光輝在農場第一區服務實習；扛雞糞、駕駛搬運車、運送水果，他從工作中獲得年輕人對於學習的無限樂趣，遂於擔任技術隊員後，一九八五年經退輔會核許，正式成為農場技術助理員，透過前輩的理念、技藝傳承與學校所學實務共融，使他在進場作業中成就個人對於服務性工作，更具體的認知與無私的奉獻。

他說：「農業要進步，需要加入服務精神，才會進步。」

這一群年輕人即在呂仕仁的協助安排下，順利的走訪武陵農場美麗的山光水色，以及探索武陵地區的自然生態。

墾員黃明順從太魯閣到武陵的漫漫辛酸路

早在中橫公路尚未通車之前，大甲溪上游是台灣原住民泰雅族的原鄉，台中縣和平鄉的環山部落、佳陽部落的居民都過著自耕農自給自足的生活型態。

中橫公路支線在一九五八年通車後，陸續有人移居到武陵地區從事森林作業與農墾活動，名叫「台灣榮民農墾服務所」的墾荒隊伍，即開始在這個地區設立「武陵農墾區」。

一九六三年春天，當時的國軍退除役官兵輔導委員會主任，故總統　經國先生，不畏艱難，翻山越嶺，親自實地勘察，將原屬榮民農墾處的武陵墾區，於當年五月十日正式命名為「武陵農場」，以安置國軍退除役官兵從事農業生產，開發東西橫貫公路的山地農業資源，並成為輔導會所屬山地農場之一。

農場開墾之初，榮民弟兄披星戴月，胼手胝足，以有限人力、簡陋工具，排除萬難，化荒地為良田，從無到有，由不足到小康，近年來順應時代潮流與任務需要，致力於集水區的水土保持及環境保護工作，現正積極推動農場轉型經營，期以有限資源在榮民照顧、產業經營、休閒旅遊和環境保護方面兼籌並顧，以確保資源永續利用。

一九九二年七月一日，雪霸國家公園正式成立，此地則成為雪霸國家公園武陵遊憩區。

武陵美景當前，必須感念往昔在農場默默從事耕作的榮民弟兄，墾荒之初，

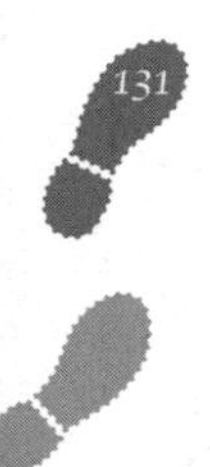

以有限的人力，無機械工具的援助，僅靠簡陋的用具，化荒地為良田，再經一番努力，更將武陵農場蛻變成如錦似畫的美麗景色，名聞台灣，足見武陵農場的開拓史，頁頁充滿可歌可泣的事蹟。

而武陵農場發展觀光過程中，墾員的努力付出是不容置身於外的，黃明順便是其中要角之一。

武陵農場第二代墾員黃明順出生在台東縣池上鄉，池上鄉位於花東縱谷中部之南，距離台東市約莫六十公里，海岸山脈屏障於東，中央山脈雄踞於西，為兩山脈之間廣達八千多公頃的新武呂溪沖積平原，這塊美麗的平原，地勢平坦、土質肥沃、雨量充沛，居民主要生計以種稻做為根本，因為氣候溫和的影響，池上種植的稻米顆粒大、彈性佳，口感品質十分優越，日治時期被官廳列為進貢給日本天皇的「貢米」。

池上鄉雖然盛產稻米，可是出生貧寒的黃明順，卻在僻靜的鄉間過著與世隔絕的生活，台東家鄉因為依山臨海，豔陽高照的時間長，即使經常性晴空萬里，天際了無煙雲，像這種青翠山脈的山水天地，卻不是他父親的原籍地。

這個在黃明順約莫八九歲時，進入他和母親與弟妹生活天地的男人，在黃明順小學臨近畢業前的某段時間，經常跟孩子們提起想到武陵墾荒的父親，其實是他的繼父，繼父名叫吳先發，河南光山縣人，一九四九年隨軍來台，是個生活嚴謹的男人。

生父離開之後，一家五口，三男一女即跟著母親一起追隨新的父親過生活。

從小，黃明順的身體即很瘦弱，外加長時間營養不良，以及無法和其他小孩一樣順利就學，他在念完小學後，便只能用想像的方式，投影他那根本看不見、看不清的未來前程；那段時間耽於沉思與沉靜的結果，使他羞於和人相處說話的性格，更加明顯的展露成為他易於畏縮的應對態度，儘管如此，他依然像小說中描述的悲情人物一樣，在無法規避的宿命中過日子。

生活清苦成為他和外界接觸的另一層障礙，因此，當經常聽父親和母親談論起想到台中縣和平鄉武陵地區參加墾荒工作時，他以為自己將可以找到另一塊生活的新境地；然而，台中縣到底要怎麼去呀？和平鄉又在那裡？父親口中時常提起的武陵，落地何處？

十二歲的年紀，他的幻想表現得有些焦躁，所有他能夠想像的畫面，大概都是些走味和走樣的某種非現實的狀態，甚至連他自己都說不上來，為甚麼他會如此激進般的願意在「可能的那一天」跟隨父親走上天涯海角之路。

這個他心甘情願喊他叫父親的繼父，在他生父離開後，對他一家人極盡所能的照應，不論飲食生活、現實生活，無不一身肩挑，擺在眼前最真實的狀況是，這個比生父還親的人，一旦打算攜家帶眷出遠門，不論千山萬水，費盡周折，他都必須做為後盾。

誠然，身為黃家一分子，像他這樣羞於表現的少年，他的確需要從心靈某處

走出來，他總不時感覺到，在這個陌生世界的某個角落裡面，正存在著他尚且未明的某種使命，等在那裡，悄然要他完成。

一九六三年，就在他充滿幻想，卻又必須勇於正視現實的十二歲，他、母親和其他兄弟姊妹一行五人，跟隨父親探勘多次的路徑，從花蓮太魯閣出發前行到武陵。

父親決定遷徙到武陵做農場的墾員。

父親說，要從花東地區到台中縣和平鄉的武陵，順著太魯閣山脈西進，是最容易行走的路。

泰雅族人口中的Taroko（太魯閣）為雄偉、壯觀的意思，位於花蓮、南投、台中、宜蘭四縣的交界處，太魯閣同時是中橫公路的東端終點，峽口在花蓮縣秀林鄉富士村，紆曲向西直到大禹嶺，沿途風景秀麗，頗負盛名，有燕子口、九曲洞、天祥等遊覽名勝，以及神祕谷（砂卡礑）、綠水、白楊等健康步道。

回想起當時的太魯閣山路，崎嶇難行，非常人能力所及，他肩繫行李，身後仍須背負著年幼的妹妹，走走停停，一路吃盡體力和體能上的萬般苦楚；一行人走在荒山野嶺，他的臉色似乎擠不出任何一絲笑意，此去武陵的路，跟父親口裡要「墾荒」的武陵究竟有何差異？為甚麼「移民」的路走來倍嘗辛酸？

十二歲的少年，面對荒山野地的冷寂與孤沉，竟有著難以言說的不解躊躇。

這時，四位日本青年猶似聽見一則不可思議的傳說故事那樣，連連發出嘖嘖稱奇的讚歎聲。

今岡為之說：「這是一段聽了會讓人窒息的驚奇經歷呀！」

武陵，就這麼一片荒山來著？初來乍到陌生地，黃明順用各種角度眺望眼前所見荒蕪的群山，以及集體墾戶都得使用煤油燈點光的簡陋居處，總感到這塊山谷地並沒甚麼特殊吸引人的地方，它不過是一塊必須以炸藥整地，然後再以粗糙的農具，在農場單位的指定地上，一鋤一鋤做開發整建的拓荒工作而已。武陵風光，也僅止於陽光和煦，雪霸山野氣象萬千，還說不上甚麼美不美，甚至給人荒涼的悽愴感覺，他不禁懷疑，父親攜家帶眷到這裡做所謂「墾荒」，跟留在台東家鄉做開墾，到底有甚麼樣的差別？

莫非武陵把它的美隱匿在別處，而暫時寄存在其他東西上面？

十二歲的少年，他的幻想跟現實產生極大的差距，看著山巔湧起層層雲朵，山際渲染著金色陽光，又看著眼前滿面紅光，走路隨時抬頭挺胸的老士官，一副慷慨就義的模樣，他那小小的腦海裡，就有「這裡是未來的新家」的念頭。他正站在別無選擇的稜線上，不管眼前的路何等坎坷，他都必須在這個忠於職守的老軍官父親「有為」的領導下，展開新生活。

一九五一年出生的黃明順，少年時代著滿灰色調性的生活思想，如果不是父親無私的養育恩情深重，他的生命更將從灰色的茫然無依，進入到難測陰森的黑色深淵裡，黑暗世界是他所恐懼的陰翳無常，而老軍官父親的出現，正適時把他

和家人從陰翳無常的深淵裡救起，想到這裡，他非得更加努力的從接觸武陵的土地開始做起。

在每一天的落日餘暉裡，他把在農場工作的辛勤，全部託付給逐漸成形的滄海桑田，雖然他必須被現實環境要求停止繼續升學，可他並沒有停止學習關於菜圃或果園種植的基本常識，也從未放棄在武陵尋求活下去的動力，這期間，住家與墾地相距約有一公里路遙，但每天來回的路上，他都能自得其樂的結交新朋友。

他開始從畏縮的行為中，解放出最真實的自我，也已不再在觸目所及的荒涼地上，用悲天憫人的心情，追求空洞的幻影，只一心一意跟隨父親把荒地墾為良田，把所有的不毛之地改變成一畝畝發出綠色光澤的沃壤農田。

所幸十六歲時，鄰居一位名叫沈鶴遐的少校軍官，每天夜裡以私塾的方式，教導他初中課程，兩年的家教學習生涯，是黃明順一生中最充實與快樂的日子。沈少校已然作古，恩師之名、恩師之情，他永生難忘。

他的少年時代是在不斷跟土地的耕稼，以及遊走山林的野放生涯中告終，結束了單調的少年生涯，黃明順本想跟隨兄長到平地學習工藝技能，他希望能在農事之餘，為自己創造些生活技藝，以便將來多了項才藝，好安身立命，究竟常樂；可這個簡單念頭在腦海裡持續沒多久，便因為父親身體狀況欠佳，經常性大量流鼻血的緣故而作罷。

那裡也去不得，他只好繼續留在武陵農場，為父親和家人共同墾殖的農地，守住一片天。

及至長大成人之後，父親在武陵農場的蔬果農園已然深具規模，原名叫「孝節」的平等村志良巷的住家也稍具模樣，他那顆想雲遊四海的心復告燃起，幾度到平地做生意，甚而當起船員，專跑北美線、歐洲線散裝貨輪，終於度過一段靠自己的實力打拚天下，走遍海角天涯的浪跡生活。

船員生涯一場夢，小學學歷的黃明順即便利用在船上工作之餘的時間，博閱群書，當他踏岸行走過幾個國家之後，一股欣喜的閱讀情懷不斷傳襲過來，比起小學剛畢業想念書卻又問學無門的窘境，就在海上，就在藍天碧海的貨輪上，他發覺自己可以依循心聲去完成那響自心底多年的震動迴音，面對閱讀，把大自然、武陵、海天和心靈全部結合一線，成為他不再引為遺憾的傲骨情愫，也就是說，他從雲遊四海中找到失去多年的受教機會。

他選擇閱讀文學名著、名家作品，以及投合內心成長的各類勵志小品與心理學叢書，那段時間，他的生活空間有說有笑，忙得不可開交，也充滿許多趣味，使人發覺這個過去處處表現羞澀的男人，忽然間變得開朗了起來。

是甚麼力量把這個素來少言語的男生，塑形改造，活脫脫讓他變成另一個更感性、更易掉淚的人呢？

湛藍的青空下，黃明順以淚眼表達他對養父養育之恩的無限感念，他說，如

果當年不是養父為了照顧他全家人生計，執意從花蓮太魯閣翻山越嶺，一路辛苦的轉進到武陵來開墾，他和全家老小的命運將出現難以忖度的陰晦莫測。

愛心浩蕩，讓天地合成一幅生動的親情圖，這位被黃順明稱做「父親」的養父老榮民，好似上天為黃姓家人送來的恩寵，沒有老榮民的父親帶他一家人走出貧困的台東鄉野，到武陵來開墾定居，他不明的未來又會變成怎樣？

所以，他決定不再浪跡天涯，不再做一個空洞的追夢人，且不論蔬果的市場機制如何變動；自此，他將更加專心一意和妻子薛玉媛共同守護父親留在志良巷的農田，貫徹做為一個養子，他對養父愛心的絕地回饋。

朝霞未啟，浮雲掠空，黃明順正從鐵皮屋裡走了出來，他將趁陽光普照之前，巡一趟果園，聽一聽果子熟透垂落的歡喜聲。

一聲、兩聲，他喃喃自語的對著枝梗上的果實說話，也跟美麗的大自然說內心話。

隨後，摘下幾顆熟透的水蜜桃，送給來訪的一群台日青年品嘗，同時見證台灣水果的甜美滋味。

七家灣溪畔遇見快樂的果農周思源

在山間楓葉還未轉紅前，九月和十月正是武陵農場波斯菊盛開的季節，從兆豐橋轉至茶園步道及武陵路兩旁，隨處可見紅、白、粉紅……各色波斯菊花輕盈的曼妙姿態，彷若花間繽紛起舞的彩蝶，二、三公頃的波斯菊在秋天齊放，是武陵農場難得一見的花海景觀。

其中，黃波斯菊學名為Yellow cosmos，原產地中南美洲，分類為菊科、波斯菊屬，黃波斯依照植株的高低可分為高性、中性以及矮性三種，但通常介於二十五至六十五公分左右。型態為株高約二十至六十公分，葉羽狀色翠綠，花黃色或斑入橙黃色；分枝多，每一枝條均能開花。葉片對生，呈現翠綠色，二回羽狀複葉。花的部分：每一莖頂皆可著生一至數枚花朵，花朵長在頂端或腋生，花梗細長，花朵屬於菊科固有之頭狀花絮，有單瓣、半重瓣、重瓣之分。果實部分：瘦果褐色，有微小刺狀茸毛。顏色部分：從黃色、橙色、橘色到橘紅色等，四季均可開花。

長久以來，大波斯菊即是武陵農場和福壽山農場的著名景觀，未料近年來台灣竟然陷入迷戀大波斯菊的瘋狂當中，許多花商將武陵山中的波斯菊美景移植到平地，同時也促使許多縣市利用休耕的稻田美化地景，培植大波斯菊。

不少旅遊資訊報導關於「武陵農場」的美景時，泰半會以如此的文字形容：武陵位於台灣中部，是由雪山山脈圍繞而成的高海拔山區；環山圍繞、谷谿棋布，造設了武陵地區山貌獨特、四季分明的桃花源地。

這裡的陽光充足，蘊藏種類繁多的植物林相，四季不同花卉盛開的各色花朵，萬紫千紅襯托著翠綠山色；山水間綠意盎然，孕育著蟲鳥魚獸等豐富的野生

動物資源，武陵素有好山、好水、好魚聞名於世。臨近大甲溪流域的七家灣溪，即為國寶魚櫻花鉤吻鮭的故鄉，溪水清淨，氣象萬千；看山林，見水石，婀娜的曲流，寬闊繚繞，繞出了武陵地區盎然的生命力，好不美麗。

然而，這一大片好不美麗的世外桃源，明顯地表現在開墾過程的經年歲月後，所產生的歷史意義，確實是金錢無法買到的一種「開疆闢地」象徵，一種僅能在平靜的生活裡，人們透過各種管道，聽回憶、看回憶，才驚覺武陵農場的闢擘，絕非三言兩語所能傳述完畢的一段台灣墾殖史。

對戰後出生的第二代青年來說，關於武陵的辛酸墾殖歷史，絕對有許多難以想像的地方，但對於曾經參與過這場被不少人認為是「在烏托邦理想國裡幻想的人」來說，總是因為有著主觀的參與和介入，而彰顯出無比幸福的歡喜經驗。

一九六一年出生在和平鄉平等村志良巷的周思源，即是戰後出生的第一代青年，從小跟隨父母在山間野地長大，熟悉樹林果園的一切作業型態，小學就學於武陵山區的勝光分校，五年級則轉學到山下豐原的翁子國小以及豐東國中，一九八一年則從樹德工專機械科畢業，旋即入伍，履行志願役裝甲兵四年半的軍旅生涯。

這段時間，周思源並沒有真正想過日後是否會上山？要不要上山？做為武陵墾員第二代，他在平地的生活忙得不可開交似的，又是念書，操弄機械；又是交友，儼然時尚的青年，他從不讓自己成為現實生活的俘虜，也就是說，他始終認為學農的弟弟才是回到山上代替父親掌管果園的當然「接班人」，料想不到，這個本有機會考上軍訓教官的年輕男子，卻在身為長子的銜命下，以機械科的身分，於一九八六年，從豐原返回武陵志良巷，開始接收父親周啟民留下來的大片果園，學習如何種植果樹。

曾經在武陵擔任第一代墾員已然多年的父親，年邁體弱，目前遷居豐原。

重返武陵的周思源，經過多年學生生涯的洗禮，早已體會出「從事改革者」的從容心理；他那股從內心底發出的「卻除黑暗與苦難」的力量，倏然間又告復甦，不斷把他從生活的最高處拽回來，回到他年少時，最初簡單而平靜的田園生活。

做為武陵農場墾員第二代子弟兵，他非回來不可，唯有回到這塊孕育他血液中布滿大自然脈動的曠野地，他才可以重新踏上墾員艱辛的農戶生活，為曾經在這塊土地上種植成千上萬株果樹的父親，所建造的王國，做某種不朽性的圓滿終結。

他山下的同學、朋友，所有的人都押注賭他重回山上作活絕對不出兩年，也即是說，兩年後他將會因為不堪承受孤寂的山間生活，以及艱困的果園種植而黯然下山。

「把志良巷父親留下來的果園地和工寮當成『渡假中心』，做為暫時擺脫都市生活，上山散心的休閒所在還差不多。」朋友們如此嘲弄不休。

他不為嘲弄操控，逕自以不二心的信念，放棄原先打算在平地可有一番作為的想法、動作和一切與朋友合作的念頭。

假日裡他不能去看電影，不能跟朋友一起討論影片的精心巨構，以及感人肺腑的劇情；未來的日子，他只能跟尚且留在山上耕作，少數的小時玩伴，一起在農忙後，酒興之餘，滔滔不絕的大聲談話。

周思源上山的一九八六、八七年間，他將父親留下來的果園暫時交給包商營運，自己則扮演起農工，藉機重新學習田間工作，學習與土地親近的共生共養。

兩年勤奮工作，他向大自然學習到，人類不過是承受天地諸種屬性的一小部分，大凡生物之中的植物與作物，都有它繁殖的獨一性，而企圖保有土地的經濟價值與自然保育的共榮性，他決定繼續留在武陵農場，學習還未修業完畢關於果樹與種植的課程。

他的決定讓山下的朋友們大吃一驚。

是他毀滅了許多人對他錯估的賭注，他認為，如果果樹與種植的課程無法在短時間內學習透徹，那無異才是自毀前程；武陵果園和土地的存在是最能明確顯示出做為墾員第二代，他守護父業所浮現的，不朽的人生美感，是不易被摧毀的。

是的，年輕的周思源決定從此長住志良巷，決定守住這塊小時候與父親、家人一起成長的美麗田園，這樣的生存方式彷彿注定要將他個人大半青春，埋葬到

這座一到夜晚便被蟲鳴狗吠包圍的山林間，而唯一保存下來的，大概只剩下他僅能被世人讚賞的英勇精神罷了。

志良巷位於離武陵農場不遠，通往梨山與福壽山農場山間路旁的志良派出所對面小斜坡地，坡地非常狹隘，在群山、藍天、雲層的襯托下，相互依偎著，也相互融合著，晨間陽光亮燦照耀時，那四面群山看來溫馴如羊，好似沒任何動靜一般的橫臥天際一隅。

從斜坡上下來的幾個轉彎，視線很容易被滿山亮晃晃的纍纍果實吸引住，忽然一陣陣的蘋果香撲鼻而來，一下子芬芳四溢的蜜桃香迎面飄來，使人一不小心像是掉進芳香谷底，墾員們居住的志良巷就在這裡，周思源的家、土地、果園、工作也在這裡。

他的父親初到台灣時，曾經在台北金瓜石挖過金礦、煤礦，也開過一家電器行，五〇年代即已來到武陵當墾員，便以志良巷做為他開創武陵農場的基地，也成為他農事之餘創作的園地，他打獵、寫書法、繪畫、拉小提琴、玩吉他、攝影、修理電器，儼然田園藝術家。

這裡，後來成為周家的家園，也成為周思源結婚生子的福地。

一九八六年決定根留武陵後，經過兩年的自我磨練，一九八八年時他終於將耕地收回自營，生性樂觀的周思源，並不畏懼自營將面臨的所有困局，因為平時做人誠懇，加上幼時玩伴為數不少仍留在墾區耕作，相互照應的結果，愈加使得

他再度面臨農耕雜務時，很快進入情況。

這些年，他利用在志良巷種植果樹所得，立業成家、結婚生子，總計養育二子一女，全數在豐原就學，老大就讀豐陽國中二年級，老二就讀豐村國小六年級，老三尚在幼稚園中班，三個小孩學期之間均由妻子陳麗玉妥善照料，年輕賢淑的妻子不但替周思源帶好三個孩子，平時又是他果園產品在平地直銷的最佳企劃人、執行人。

山上的天候忽雲忽霧，晨間朝陽耀人目光，午間時分倏地濃霧襲來，相傳武陵之美，即美在如此無形，美在藍天捲起千堆白雲的壯闊氣勢。每年寒暑假，是武陵景色最美的時刻，也是周思源一家人團聚的時刻。

聚少離多，為此，夫婦兩人的交談內容，經常多了些不忍與不捨，老家世居台北新店的周太太，自從嫁給周思源後，從不曾嫌棄這種聚少離多式的山居歲月，周思源也未曾希冀她、朋友能支持他的思想或見解，也就是說，他不曾為了讓世人理解做為武陵墾員第二代的思想，而強加表現他存在的特徵。

在武陵山上，一家五口吃菜根淡中有味，誰也不曾埋怨這日子是如何過的？反而在談話中讓人瞧見夫妻攜手相互扶持上山下田，像是逛街般的並肩而行，好一幅不覺驚奇的山居歲月，使人引起莫名的喜樂共鳴。

周思源認為，他在台中和平鄉顧山顧武陵果園，妻子在豐原市顧家顧小孩，也是一種企業管理型態中的天作之合。

做為墾員第二代的前線作業員，周思源自裝甲兵退役後重返武陵農場那刻起，即必須隻身面對大片父親經年在志良巷辛勤植果樹的墾區，胼手胝足的研發墾殖蘋果、水梨、水蜜桃等高經濟價值的水果作物，不論採行與包商合作、零售或自營直銷，甚至遭逢天災所承受的損害，二十年來，他無怨無悔的堅守住那一間已然超過三十高齡以上的老房子，以樂觀的心情與態度，甘之如飴的扮演一介快樂果農。

雖是機械科出身，個頭也不高大，可做起農事，周思源俐落的身手，絕不輸職業果農。

除了果農的身分，他同時還利用農忙之餘，擔任榮民服務處地區服務員，負責照顧以及服務武陵地區老榮民的工作，這項服務性工作，收入極其微薄，可對於想盡心力為老榮民做事的周思源而言，他眼裡看到的是，身為武陵人能夠為老武陵人奉獻一己的關懷情誼，不覺驚奇，長期服務，他從未感到厭煩或厭倦。

第一代進墾場的老榮民，他們的年齡、際遇，跟他的父親初來乍到武陵時，毫無二樣，他不覺得服務老榮民跟服務自己的父親，在道德上會有甚麼差別？

所以，就算是武陵農場的老榮民正處於不斷凋零的宿命氛圍之中，就算三天兩頭會從各莊頭傳來老榮民生病、病重或病危的消息，可是他仍然得興起那股照料他人，人溺己溺的心情，並發揮服務員該有的積極精神，拔腿飛奔過去。

放眼滿山綠波的田野中，志良巷的果園裡，周思源帶領著一批到訪的台日青

年，從他住處後方的小路，穿過一片矮樹林，走進山坡地，要大家去看他經過苦心栽植，熟度已到火候程度的纍纍紅蘋果。

那是武陵特產，也是周思源開發的新品種，四個年輕的日本大學生和台灣教師團，站在蘋果樹下，一口接一口啃起武陵蘋果與日本青山蘋果大不同的滋味。

經過將近四天武陵農場風雅的山脈與生態之旅，這一群台日青年深受墾員辛勤工作與執著意志的感動，禁不住對武陵農場這一片美麗的山林景致，心生愛意，咸認為是台灣難得清雅又富於旅遊價值的觀光好景點。

就像深得榮民信任，被大夥人稱做「大檔頭」的武陵農場副場長李清彬所言，單獨經營農業已然不符快速變遷的時代需求，他強調，必須將已開發的農地逐漸縮小耕作面積，正向的開發景觀，以做為具有優質條件的武陵農場，邁向休閒旅遊事業發展的主要目標；他說：「武陵農場擁有環境好、山水美的特質，不利用可惜。」

李清彬在農業生產的專業技能表現上，彷佛一個充滿先知先覺的智者那樣，不斷從付出與奉獻當中，從而學習和吸收到更多農業發展中的相對成效；這好比面對武陵農場的建設計畫一樣，他以精良的先見之明，在台灣觀光事業尚未全面開展的階段，即率先把農業和觀光結合起來，著手辦理武陵農場轉型經營，一方面縮減農業生產面積，另方面又以發展休閒觀光為經營主軸，並配合政府計劃推動國土復育的政策，逐年規劃停止農業生產，積極轉型做生態、休閒旅遊的經營模式，以期達到國土資源保護及產業永續經營的理念。

看在生活於山莊三十餘年的李清彬的眼中，他慶幸這一生有好機運參與武陵農場的開發建設；事實上，武陵農場在共耕、共享、共有的信念下，也確實轉型為休閒旅遊的事業，辦得有聲有色，不論衛生環境的整潔、景點環境的美化維護，都讓遊客在沿路蟲鳴鳥叫聲不絕於耳中，有一番賞心悅目的感動。

嗯，蘋果花盛放的季節又到了，不遠處傳來陣陣沁鼻的香味，使人不禁陶醉起來。

美麗原鄉部落山林與溫泉的觀光價值

隔天，這一群台日青年又適時從台北轉往與武陵農場一樣，同屬於雪霸國家公園體系的新竹縣尖石鄉和五峰鄉，走訪這兩個以文學造景的原住民部落區，深入探索文學造景所帶來的觀光旅遊新形貌。

就在從竹東鎮進入尖石鄉的產業道路兩旁，一眼看見那些張掛得橫七豎八，奇醜無比的各式廣告招牌，實在令人不敢恭維。

美麗的部落山川，被這些醜陋的招牌張貼成使人不忍卒睹的怪模樣，這種現象跟台灣發展觀光產業，所見到的缺乏完善交通疏導計畫、欠缺觀光遊憩區承載量管制制度，又無大眾運輸工具疏導一樣，都是觀光弊端；尤其從內灣要進入尖石鄉的瓶頸隘口，更令遊客感到不耐。

走到內灣老街時，人車混雜而行，遊客必須時時注意周邊車輛，根本無法安心逛街購物。

依據新竹縣政府交通單位表示，將設置交通攔截點，攔截擁擠交通；然而時隔已久，這種人車混雜的現象依舊難以改善，大大的影響觀光旅遊的品質。

不獨內灣如此，三峽祖師廟與老街前的人車混雜，同樣有這種現象；台北士林夜市、桃園大溪老街等許多遊覽地一樣有這種缺乏完善交通疏導的情況。

看在外國觀光客的眼中，櫻井修和其他三位日本來的年輕大學生，以一種不可思議的心態直說：「怎會是這樣呢？」

當然，除了奇醜無比，到處亂掛、亂貼的廣告招牌，以及觀光景點人車混雜的醜態之外，缺乏清楚的道路指示標誌，英譯路名與觀光書籍所載不同，使駕駛人難以由其特色自遠處即能判斷即將到達的地區；以及缺乏安全且清潔的公共廁所，濕滑、髒亂、陰暗、水源不足，致使遊客到觀光景點時，視上廁所為畏途。

經濟日報於二〇〇四年九月十日舉辦了一場關於觀光旅遊產業發展的座談會，會中報導曾指出：「即使寶島有再棒的好山好水、美味料理，如果所到之處廁所都陰暗髒亂，給觀光客的印象會大打折扣，因此，公廁環境的優劣是國家形象的門面……台灣公共廁所未來有很大的改善空間……。」安全與整潔的公廁，實在是發展觀光重要的基礎設施。

但是，這種現象至今仍未見改善，就以櫻井修等人在前往尖石鄉途中，當路

過內灣時，所見老街唯一的內灣車站公廁，竟然小到男女廁所只有三四間而已，無怪乎遊客大排長龍，直呼受不了；加上空間狹小，予人不適的壞印象，果真為社區商圈營造出髒亂的惡名。

這種現象，在台灣不少商圈區一樣存在，商圈管委會無力規劃與執行、遊客缺乏公共道德意識，都是造成髒亂的主要因素。

櫻井修問說：「台灣的觀光景點，怎麼到處看見違規的招牌、髒亂無美感的垃圾子母車、凹凸不平的管線施工界面呢？」

「日本觀光景點的廁所，隨時有人整理和清洗，所以能夠保持潔淨。」渡邊雄三說。

「日本的觀光景點，垃圾箱大而美，他們為它取了個十分優雅的名字，叫『護美箱』；管委會如果肯徹底執行，遊客誰還好意思亂丟菸蒂或紙袋？」黃老師說。

眼不見為淨，一行台灣年輕教師，趕忙帶領四位日本大學生，匆匆離開內灣，穿過瓶頸狀的內灣與尖石鄉交接地段，直駛尖石鄉的山林部落去。

熱愛家鄉的那羅部落導覽員李德田

根據新竹縣誌記載，泰雅語叫「那羅」的尖石鄉錦屏村，是新竹八景十二勝中最為人們津津樂道的原鄉部落。所謂「錦屏觀櫻」意指每到春天來臨，錦屏村

便群山遍野盛開著滿地粉紅山櫻花，花瓣在寒風中，英挺的點綴著那羅成為不折不扣的櫻花小鎮；偶來晨霧，霧裡朦朧更顯櫻枝搖曳的百般景致，美不勝收。

這時，櫻井修和其他三位日本來的年輕大學生，早已站在這一座曾為櫻花部落的山道間，搜尋夏日櫻樹的蹤跡。

從這樹到那樹，部落有數不清的參差花影，是梧桐？是三色堇？還是木芙蓉？一片彩葉芋，訴說著歡喜的翩翩花語，尤其四月桂竹盛產期，自賞竹筍幽趣好食。

在這清人吟魂的自然生態裡，使得這一群初到部落旅遊的台日青年，是夜的飲食，偏愛高山野菜、田園種植的無農藥作物，桂竹筍是其中之一。

除了竹筍，泰雅族人自種的山地高麗菜也是可口的菜餚。

四位日本遊客對於部落的高麗菜讚不絕口。

用好玩來形容尖石鄉那羅部落，這個充滿人情味的部落，有著自然曠達的荒野況味，才剛喝下一杯滿而溢的小米露，根本還來不及看楓葉轉紅，便彷彿已嗅到櫻花探出枝頭的翩翩春意。

你管它是醉意深濃，或是相思成災，那羅的美，在看過楓紅染天，照映櫻花飄落後的夏日清涼午夜時分，櫻井修告訴同行的朋友，今夜小米露純淨，不醉不歸。

飲酒之際，他們無意間遇見到民宿造訪的尖石鄉部落導覽員李德田。

說起李德田，尖石鄉沒多少人知道他；談起「傻尬」，認識他的人不知凡幾。

曾經就讀關西農校園藝科的傻尬，學校畢業後，並沒順利從事跟他所學相關的工作，園藝事業如曇花一現，便到榮工處就職當技工；後來相繼當過挖土機司機，開路闢徑，擔任過山地礦場的礦工，也開過路邊燒烤小店，卻都未曾留下讓自己感到滿意的輝煌成就；事業不盡如意，傻尬養育的子女，倒是個個聽話，貼心之餘，不失為生命事業的重大成就。

腦筋靈敏、反應極佳、口才幽默的傻尬，在尖石鄉積極開發文化觀光建設之際，選擇從事收入微薄的解說員工作，做為他事業的另一個開端，他說，解說員工作像旅行公司的導遊人員，必須經常性面對不同樣式的遊客，的確充滿挑戰。

尤其，對不瞭解原住民個性與地域性的平地人來說，到部落來旅遊，都會發生許多因生活習慣不同，產生的文明偏差問題；問題歸問題，那是兩個不同族群，觀念差異帶來的溝通問題，傻尬認為問題不大，山地部落的自然景觀，容易使人心平氣和，誰也不隨意把脾氣發出來。

向來對人生抱持樂觀態度的傻尬，多次在死亡邊緣的鬼門關逗留，最後都用意志力挽回生命，四十餘歲的年紀而已，傻尬始終記起做一件想做的事，就必須認真，既然選擇用解說員的工作，完成自己對部落生命重整的向心，傻尬發願學習掌握新知、認識歷史。

不獨用背誦方式，日夜全心將泰雅族的歷史典故、傳說故事、尖石鄉的地理方位、海拔氣溫，以及各景點特色，辛辛苦苦記入腦中，然後現學現賣利用導覽期間，反覆記憶起所學所得，加上語氣溫和、語意幽默，遊客欣喜之餘，咸認傻尬的解說員工作確為一絕。

目前擔任錦屏國小家長會長，認真的傻尬，開始習慣拿著擴音器，引導遊客進入尖石鄉的觀光氛圍裡，他將很忙，忙著招呼遊客、忙著收集尖石鄉旅遊新知，忙著將美麗的尖石風光，仔仔細細的介紹給天下人知曉。

席間，傻尬舉起酒杯，邀請日本大學生一起乾杯，並說：「我們泰雅族的小米酒不錯的啦！」櫻井修彷彿不勝酒力一般的忙著跟傻尬說：「你不能再喝啦！等一下你還要導覽解說呀！」

「誰說晚上還要工作的？晚上是飲酒時間！」傻尬醉意深重的說著。

在朝日溫泉遇見以泰雅歌聲參與部落觀光發展

喝過部落純淨的小米露之後，台灣年輕的教師帶著四位日本大學生，驅車從那羅一部落經小錦屏，來到位於那羅部落邊陲，產業道路寬敞的小錦屏溫泉區，當他們抵達朝日溫泉時，所見溫泉設施與夜間山區景觀，櫻井修被這突然遇見的盛景，挑起驚訝之聲，連連讚嘆朝日溫泉占地寬廣以及室內室外的溫泉設備，不輸日本任何一間著名的溫泉大飯店，「絕對不誇張的，」櫻井修說：「光是室外

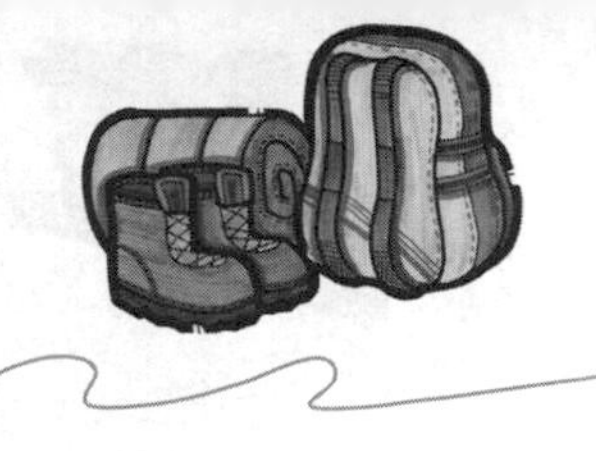

七八口冷燙分明的溫泉池，就夠吸引人了；更何況室內池一應俱全的設施與人性化的住宿規劃，很令人感動的。」

朝日溫泉位處山區寧靜處，彷若文學家川端康成曾經住宿，並寫成著名作品《伊豆の踊り子》（中譯《伊豆舞孃》），位於伊豆半島上，聞名全日本的「湯本館」溫泉旅店，充滿使人心靜，泡湯快活的休閒勝地。

經營朝日溫泉的前尖石鄉鄉長雲天寶告訴來訪的櫻井修等人說：「小錦屏溫泉區擁有美麗的山林風景，以及來自大自然底層最純淨的溫泉水質，使得朝日溫泉特別受到遊客的喜愛。」

「台灣觀光旅遊發展過程中，屬於地方性的民間旅遊建設，我們很認真的為能夠吸引遊客而卯足全力在做，這裡的環境幽雅，衛生與清潔做得周密，客房或通鋪不但設備俱全，就連戶外溫泉的安全設施都設計周全。」曾經被媒體記者形容為「文學鄉長」的雲天寶，面對來訪的四位日本大學生和幾位台灣年輕人，以烏龍茶相待，並強調說：「台灣的溫泉業越來越進步，經營策略上，我們對於安全考量、價格定位與服務管理，已經是在水準之上了。」

被朝日溫泉四周幽雅的景致所吸引，櫻井修等人在雲天寶殷切的引領下，首度進入他們來台觀光後，第一次的台灣溫泉體驗之旅。

「台灣的溫泉水不輸給日本呀！」櫻井修說。

「是呀！台灣人真幸福，有這種一等一的溫泉。」渡邊雄三接腔說著。

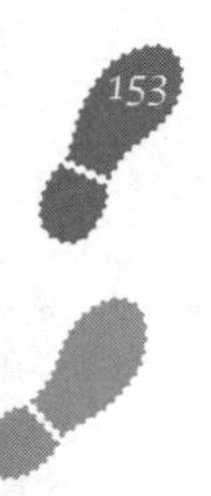

浸泡過台灣的溫泉浴之後，這一行人在休息區享受山林清涼之氣時，正巧遇到從事部落音樂教育的秀巒國小主任劉興榮，以及以紙黏土製作無數泰雅風情藝術品的那羅部落藝術家邱淑芳小姐，來到朝日溫泉。

泰雅名叫Losing Behuy的劉主任認為，用泰雅歌聲發展旅遊觀光，是一種文化宣揚。

原住民的歌聲嘹亮高亢動聽，原住民歌唱的美聲動人心弦，早已成為台灣一絕，郭英男的天籟歌聲，傳唱原住民自然與自由的心境；而在泰雅族的故鄉尖石鄉裡，一樣深藏著許多喜好歌唱、歌聲美妙的族人，渾然天成的歌喉，讓這些人帶著天籟樂音走遍山林部落。

然而，光有天生好嗓音，未經琢磨，慨為憾事；任職尖石鄉秀巒國小的劉興榮主任，不僅擁有一副生動的歌喉，同時兼負著指導尖石鄉泰雅學生及部落青年，美聲訓練的任務；身材福泰的劉主任，長得好人樣，對於泰雅族這身天賦好歌喉的看法，始終認為「不磨不成器」，他說，光靠老天恩賜給泰雅族的這份厚禮，不足以成就泰雅人的歌唱天賦，泰雅人需要再加琢磨。

劉主任不僅教唱，個人的歌唱素養實力十分深厚，曾經一連囊括新竹縣教師組獨唱、泰雅母語、演說、詩詞、吟唱、朗讀等多項競賽冠軍；泰雅族人中才華洋溢的人，大家喊他「尖石鄉第一名」。

同時在中廣新竹台主持原住民母語教學節目的劉主任，義無反顧的背起泰雅

族歌唱教學的十字架，經常出入尖石鄉各部落學校、團體，指導族人放懷歌唱、放情快樂，他說，唯有用快樂的心盡情儘性歌唱，歌聲自然渾成有韻。

心性率真的劉主任，一生從事教育，美麗的尖石鄉後山秀巒國小，壯麗山水中，充滿他智慧教學的活潑意象，他擺脫傳統的束縛，用音樂藝術證實誇示的人性，可以活出自信與自在，經過他帶領的歌唱團體，不但在每一回的歌唱競逐中，得到優等的成績，那渾然天成的泰雅歌聲，簡直像甦醒的天籟，叫聽聞者醉入美音世界的無懈可擊中。

不當它是一種使命，智者如劉主任，他認為挺起胸膛唱出美麗歌聲，是泰雅族本色，讓歌聲充滿生命、讓泰雅人的歌謠成為氣壯山河之聲，正是超塵絕俗的美；他要讓這種美有幸福的意義。

除了歌聲，劉主任尚且利用課後閒暇，負責指導與調教學生長跑運動的技能，泰雅族善於腳力運動，眾所周知，秀巒村人的運動細胞尤其發達，並曾在縣境各類運動會中得到優異成績，劉主任甚至領軍帶隊到美國舊金山參與競賽，奪得佳績回。

馳騁部落五十餘年，劉主任在音樂歌唱與長跑運動的傳承境域裡，無已奉獻，但憑這樣明亮性情的國小老師，他著實躍為大地穹蒼一條日夜唱著美麗歌謠的小河。

他說：「用歌聲帶動地方的觀光，也是一種特色呀！」

他是尖石鄉快樂的音樂使者，秀巒村令人敬重的教育工作者，他的歌聲以及他帶領的部落歌者，多年來為地方增添不少美麗生動的傳說。

邱淑芳為泰雅族傳承雕塑技藝

另外，喜歡歌唱與藝術，被稱為「泰雅圖騰雕塑家」的邱淑芳，年輕時代曾在日本、南洋一帶駐唱，偏愛花藝編織的她，南洋工作期間，和朋友合夥開了家花藝店，花花草草的造型藝術，讓她一心陶然自得，這也成為奠定她日後走上雕塑藝術的墊腳石。

學習新知對邱淑芳來說，既辛苦又迷茫，原本只是純粹喜好雕塑這項技藝，怎也沒料到，回到台灣後，這項技藝學習工作，註定成就她日後呈現泰雅族藝術圖像的最佳表現，如此看來，南洋時期恰巧接觸花藝，倒也算是一種啟蒙吧！

儘管如此，真正對她從事原住民圖像雕塑的啟蒙者，卻是曾任美商公司芭比娃娃雕塑師的黃立夫老師；邱淑芳說，從黃老師身上不僅學習到雕塑的基本技能，更重要的是，她學習到如何經由這項手藝，巧妙的表現出泰雅族的特徵，人像、神情、色彩，無一不是需要經過考究與臨摹，黃老師細心得宜的指導，使她明確地能從心領神會中，體悟泰雅族人的精神特色，兼而透過巧手，呈現她心中對於古老泰雅族人真切的認知。

身為泰雅子民，邱淑芳對於雕塑泰雅族人的圖像，始終不敢掉以輕心，那除了是一種敬重之心以外，並且隱含著深重傳統文化中，任務艱鉅的傳承使命；因

此，當屢屢受聘到尖石鄉或新竹縣其他鄉鎮，各中小學校去做雕塑課程指導時，她都抱著虔敬之心，希望能將這項雕塑泰雅族圖像的技藝傳播得當。

現在，經過邱淑芳多年的辛勤耕耘後，這項技藝已然全面深入她指導過的泰雅人的知能裡，同時受到普遍讚賞與認同，獲邀負責製作「那羅花徑文學步道」致贈六位文學家的六尊縮小版「文學碑」雕塑圖像，即是她的傑作，深獲文學家讚許的這些雕塑，深刻地傳達泰雅族的藝術美學。

藝術家性格的邱淑芳，一旦明白她這項工作推動得力後，越加勤奮開發各類相關於泰雅文物的技術性產品，期望成為尖石鄉發展觀光歷程中，一項可貴的地方藝術品，如以米色與咖啡色系傳述泰雅傳統服飾的改良式衣著、成立新竹縣原住民文化藝術永續發展協會，都是她做為推動與推廣泰雅族文化藝術的要務之一。

邱淑芳的執著有了具體成果，邀約不斷的展覽與技術指導，讓她欣喜泰雅文物終於受到世人的關注與喜愛，而她所親手製作的泰雅圖騰藝術雕像，能夠成為觀光旅遊的產物，更為地方增添不少藝術氣息。

與雲天寶、劉興榮和邱淑芳一夜暢談部落溫泉、歌聲、農產品與泰雅手工雕塑品的觀光發展現狀與未來性之後，第二天，這一批台日年輕人又驅車從小錦屏進入那羅部落社區，準備會見以文學造景的那羅文學屋，以及那羅美麗的大自然風貌。

原鄉部落造建風雅的文學景觀

文學如何種在土地上？又如何能成為旅遊的景點？

夏日裡的八月天，櫻井修與其一行旅人來到被詩人管管形容為「文學桃花源」的尖石鄉錦屏村那羅部落。花香滿園的那羅部落「青蛙石民宿」旁，築有一幢由企業家劉明創先生以及以中國青年創業協會為首的一群企業家，誓言為那羅部落和那羅人築夢而捐款蓋建的「那羅文學屋」。

走進又走出由一群台灣企業家捐助蓋建的「文學屋」，四位年輕的日本大學生彷有所悟的在玻璃屋前不停拍照留念，櫻井修說：「用文學的概念造屋，成為文學景點，是旅遊的新創意呀！」第一次到台灣來觀光的渡邊雄三則說：「這是一種新奇的發現。」

由於日治期間廣被種植櫻花的緣故，原來單純的那羅部落蔭鬱的山林，就在這種樸實的原始風貌中，展現出一種少見的柔和風姿，讓人驚覺這只是個泰雅族人居住的部落，卻蘊涵著如文學一般清新、厚實，又時而華麗的流暢風情。那羅部落不只有聞名的「錦屏觀櫻」使人春天裡心生喜悅，更有夏季那羅溪緩緩流過山谷，那種水嫩嫩的燦明風華。

如果造鎮有成的橫山鄉內灣老街，近年來成為遠近知名的櫻花小鎮，或者在現代化的社區商圈營造中，內灣因一座老吊橋，因客家小吃馳名，每遇假日，小

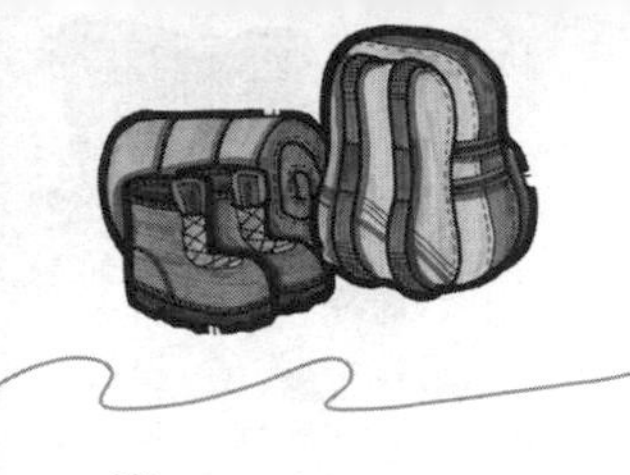

小街道人滿為患，那麼同樣以櫻花滿山遍野著稱於世的那羅部落，就是天地寧靜的健朗大地了；近在內灣後頭幾公里不遠的那羅，巧為玲瓏秀麗的山谷盆地，不熱鬧的村落，沿線山景，充滿輕快的岳立川行，宛見山青水白，一副透澈超逸、曠然自適，儼然人間仙境，翦景成幻。

多年來，那羅部落的自然美景，一直被深鎖在外人未明未知未啟開的重重山巒裡，直到不少著名的文學家吳念真、林文義、古蒙仁、陳若曦、愛亞、白靈、蕭蕭、丘秀芷、胡耀恆、季季、曹又方、林煥彰、邵僩、朱炎、羅門、蓉子、謝鵬雄等人，以文學作品讚賞那羅之美，以及鄉公所營建了一條號稱台灣山地部落第一條「那羅花徑文學步道」後，那羅這個地方的名稱才逐漸散拓到許多喜愛山林的凡人腦海中；那羅，一時間成為人們口裡「文學的故鄉」；理由非常簡單：這裡曾是許多作家為文頌揚美景的泰雅部落。

就在那羅部落逐步開展她高臥山林享行吟的曼妙風采時，無情的艾利颱風，把溪谷中的水流響聲，斷折成影，讓人再也無法從水光之中，如過往一般沉入泰戈爾式的心靈享樂的自在生活。

彷彿災難中愈能分明愛的力量。企業家劉明創、周俊吉、吳念真、周康記、張耀煌、羅清屏、王嘉年、王俊德、李淵汀、方國松、方世宗、陳隆昇、陳立白、陳力榮、黃樹風、梁修身、邵僩、余素瓊、黃永秋與中國青年創業協會總會聽聞這座寧靜幽雅的山谷部落陷入苦難中，即時捐助重整基金，以期還原那羅本

色，一座象徵文學精神的「那羅文學屋」與「那羅文學園區」的建造，一段用愛和善行組合成的推動力量，使那羅部落正以浴火重生的姿貌，溫柔再現，一時間，使這座文學屋成為觀光旅遊的新景點。

這一幢集企業家愛心而建造完成的文學屋，就像把美麗的夢境化成具體的形象一般，為遭逢災變後的那羅部落建構一座霧中飄逸文學孤獨之美的夢屋，這座白色玻璃屋，象徵把文學種在土地上的可能性。

喜歡文學的櫻井修在見過那羅文學屋之後，說：「文學是朵花，是土地芬芳最美的三色堇，是彩葉草變化無窮的自然奇妙，使人在陽光的流蘇間隙裡，看見文學種在土地上的耀眼奪目。」他並讚賞用文學造景的觀光價值。

「多虧企業家劉明創先生捐助一百萬元拋磚引玉，那羅文學屋才得以建成，也才得以成為現代觀光旅遊的新景點。」青蛙石民宿的主人謝金祥以夾雜著泰雅腔的中文跟來訪的日本大學生說。

「遊客多嗎？」櫻井修問。

「還不少，大部分的遊客都被『文學屋』這個名字吸引著。」謝金祥回答說：「部落裡擁有一座文學屋，就是一種觀光資源，不是嗎？」

「台灣還有多少這種以文學當景點的旅遊地呢？」渡邊雄三開口問話。

「文學步道倒是不少，文學屋恐怕只有那羅這一座了！」謝金祥以十分得意的口吻說：「那羅文學屋裡面還架有一本全台灣最大的書，高二百二十公分，曾

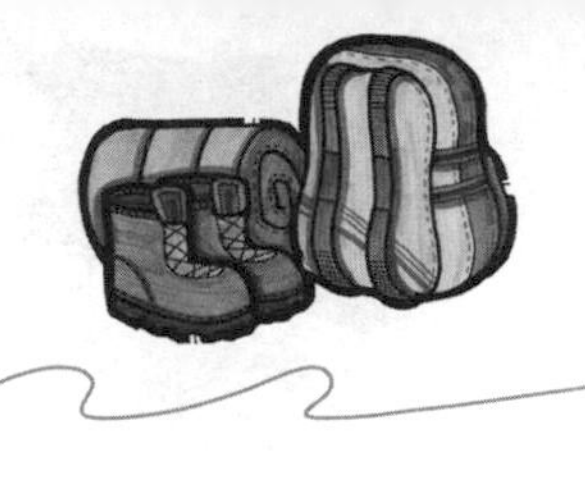

經受到媒體強勢的報導，許多遊客都想到文學屋來看這本台灣最大的文學書。」

就是這樣，這一幢坐落在那羅部落青蛙石民宿旁的文學屋，撩人孤寂的靈魂，飛揚在岩壁上那四處延展、攀附不已的藤蔓，以及岩壁間兀自成長的翠綠青草。

偶爾飛來一隻粉蝶、兩隻粉蝶、三隻粉蝶，繪影文學屋在岩壁下，成為一株文學的愛苗，綻開朵朵鮮明的五彩石竹花，傳述部落美麗的人情風光。

正像仲夏的部落上空，霧濛濛的天際透著一絲絲逐漸明亮的金黃色澤，孤寂中滲出愈來愈近的亮燦，那是靈魂之美呀！簡明的心和簡明的建築，那羅文學屋豈僅只是一幢玻璃屋，或是遊客心目中特別的一處風景，這幢亮澄澄的玻璃屋與屋外群樹，呼吸著共同聲息，那便是用愛在土地上種植的文學夢，不但可以成真，拿文學的夢與大地結合，孤獨即刻變得優雅、沉穩起來。

如此寫實的世外桃源，撩人尋覓；如此寫意的文學心靈，一路向前延展，人從竹東來，從內灣進入尖石，從群樹聳立兩旁的產業道路進來，這個名叫那羅部落的明晰泰雅村落即在天打那前頭，在眼前的不可思議中，忽然，以文學家丘秀芷之名命名的「秀芷花廊」，以小說家愛亞之名為名的「愛亞小徑」，以及以詩人白靈之名命名的「白靈生態池」，以文學家林文義之名命名的「文義亭」，還有刻印著羅門、管管、卲僩、原住民作家馬紹阿紀、里慕伊阿紀等文學家的文學牌，一一呈現，晴空下的文學奇蹟，秀麗至極。

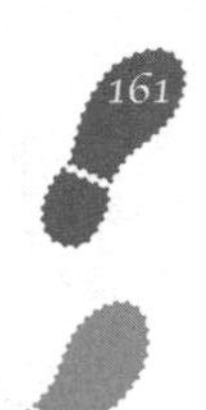

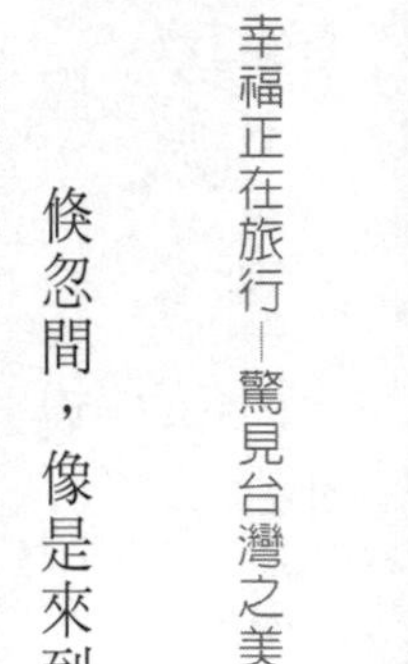

倏忽間，像是來到文學桃花源一般，被大片長長厚厚、亮燦無比的文學光影深情懾住，並且交疊撼動著。

那實在是令人難以置信的山林景觀之美，這一群台日青年站在錦屏二橋目擊山岩群樹間，一幢被冠上文學之名的玻璃屋，正流瀉一曲泰雅歌謠的壯闊氣勢，縈迴整個山谷櫻落樹影，遍地微風涼爽。

丁松青神父建造人文情境的部落之美

離開尖石鄉那羅部落之後，這一群人驅車來到臨近尖石鄉旁的新竹縣五峰鄉，打算參訪張學良將軍曾被囚禁的清泉部落，這個部落也同時是文學家三毛最愛的地方；直到今日，三毛曾經借住過的紅磚小屋，依然留予原地，成為觀光客旅遊的矚目景點。

相對於一個使用文學情懷與文學觀點，建構在旅行過程的人來說，讀書期間即喜歡閱讀日本文學作品的櫻井修有著主觀的見解，說明文學在旅行過程中所能帶給旅人內在絕對的充實與快樂；文學是一種心的感覺，驅動這種感覺最大的動力即在「心動」與否？我見青山以達情，我見綠水以清絕，天風海濤自為奇觀。

櫻井修認為夾情洞察旅遊中的人文見解與人性好惡，以及文學對山水意境的描繪，不尚鉛華中，如疎雲之映淡月，得心安寧。

到五峰鄉旅行，這一群台日青年想見台灣已故知名作家三毛曾經住過的「三

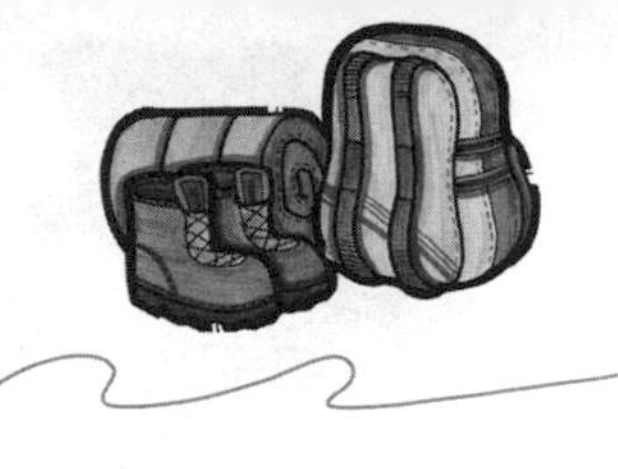

毛紅磚夢屋」的神奇，想見張學良被無情囚禁的溫泉舊地，故人早早仙逝，無以再見；不意間卻遇上萬人迷的藝術家神父丁松青，暢談甚歡。

五峰鄉的山水果真美如仙境，這仙境裡卻住著凡夫俗人，而這俗人卻個個快樂無比，說笑、歌唱樣樣精通，好比山中樂神仙，今古傳奇都沒這些人的快樂出奇，泰雅族或賽夏族，通通笑顏開展，說著好聽卻彷彿洋人說華語的怪腔怪調。

喜歡五峰鄉和喜歡尖石鄉同樣讓旅行充滿樂趣，旅行中不說傷心事，傷心情結拋給好山美水，它照單全收，這叫快心之舉。

五峰鄉美麗的人間仙境，值得翱翔，山光水色匯集一絕，正如秋賢明鄉長所言，見景不在遠，五峰很近、很美。

就在會見被稱為萬人迷，曾在台東蘭嶼服務多年，後來卻在五峰鄉長住，後半生為五峰鄉奉獻心力，既有繪畫天份，文章又寫得美妙，來自美國的丁松清神父，這一群台日青年，由陪同前往五峰鄉參訪的尖石鄉尖石國中主任吳新生的介紹，以及從丁神父的口中聽到不少關於描述五峰鄉美麗景色的讚賞聲，同時，也聽見丁神父對於五峰鄉這些年來發展觀光的見解：

我的房間坐落於山丘上，眺望著山下的清泉河谷。春日裡，周六一個悠閒的晌午時分，我凝望著蜂湧而至的車潮駛向河邊寬闊的停車場，一座座鮮豔的巨傘妝點著河旁的風味小吃，年輕人在搗米，雙雙對對的情侶，手牽著手漫步在吊橋上，走向對岸的溫泉鄉。稚童在河邊戲水，遠處樹林裡飄落的白花散發著幽

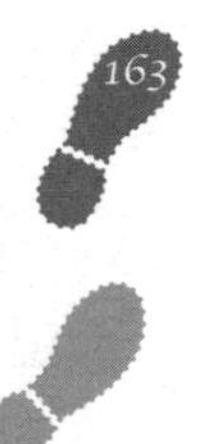

幽的清香；望著這般情景，我坐了下來，回憶著三十年前初次拜訪五峰時的模樣……。

那些日子裡，我從未見過如此峭麗的山峰，佇立於朦朧的雲霧中，也從未遇見過像居住在這裡的泰雅族和賽夏族的人們，如此的殷勤有趣。我爬過這裡的每一座山峰，並與路上相遇的人們閒話家常，我也曾陪伴他們拉竹子、砍山坡上的野草，甚至在瀑布旁野溪邊洗衣服。

對原住民來說，那個時候就像現在一樣，生活是艱困的。但他們精力充沛，心靈充滿著愛和希望，悠揚的歌聲不絕於耳，孩童的笑聲不斷，笑容依然常掛。

三十年來，這裡改變得太多！這裡的人依舊如昔。傳統的竹屋已不復見，取而代之的是現代化的住屋，村子裡的壯丁們照常上山，不過他們只能在廣闊的農場上和果園裡辛勤的工作，婦女們再也不到溪邊洗衣服，她們在河畔開小吃店，為往來飢餓的遊客們服務，她們販賣香菇竹筒飯、有機蔬菜和四季水果。然而孩童依然在山下的溪谷邊歡笑戲水。

休閒觀光創造了外地人旅遊和本地人經濟發展雙贏的機會。

人們願意到遙遠的山區（如：五峰）旅遊，至少有三個理由：第一：是拋開平日生活去體驗新事物。第二：是擁有一個旅遊的趣味性。像呼吸新鮮空氣、見見樸實的村民，以及嘗嘗地方風味餐。第三：是滿足內在的心靈。許多人來到山裡是為了尋覓城市裡找不到的東西，那到底還有些什麼呢？

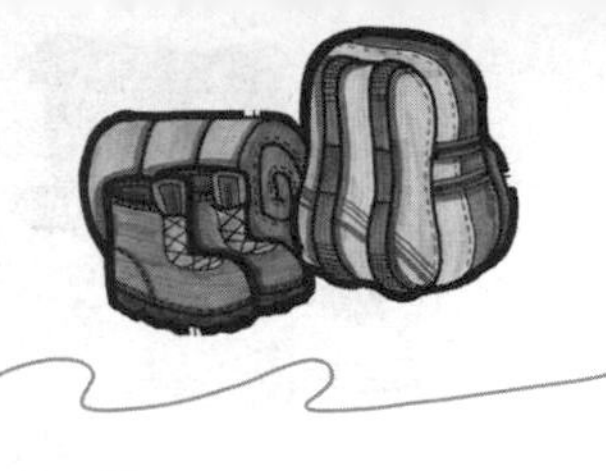

過去數十年來，民主與富足在台灣生根，相對地自由與開放的意識也注入了新思維，輕率地追求高度自由和物質富裕，結果讓人們心靈空虛。正因如此，驅動了一些人去重新檢視傳統的生活方式，特別是在未受污染及未沉淪的原住民部落。

原住民到底可以指引現代人追求什麼？

呈現在台灣原住民的精神生活層面，提供了人們物質生活另一種的選擇。原住民熱歌勁舞的歡樂、山裡的香草、有機蔬菜、新鮮空氣及溫泉等，這些對處於現代社會日益緊繃的生活，提供人們復健與抒發的最佳保證。

更重要的是「原住民的靈性知覺」─所有的事物都是神聖的。宗教關懷、基督聖愛維繫著彼此的情誼。在山上大夥兒都是上帝的子民，彼此親近如兄弟姊妹；彼此相識相知，彼此以心靈聯絡情感。冷漠的都市感受不到這般情懷。

正因為原住民生活的方式、祖先的智慧、優良的傳統以及神聖的土地實在令人敬畏並引以為傲，甚至有點兒羨慕；一些台灣知名的歌星明示自己是原住民籍，這對族裡年輕人來說，身為原住民無非是一種脫俗蛻變的象徵。

家家戶戶都樂意帶著兒女到可以學習大自然的地方─夜裡觀看螢火蟲、聆聽蛙鳴，粼粼河水邊欣賞小魚兒和小蝌蚪。為了追求生命的真諦，五峰提供了一個休閒及自我反省的好去處。

清泉，因五〇年代張學良將軍被囚禁於此，卻以愛關懷五峰鄉民；八〇年代

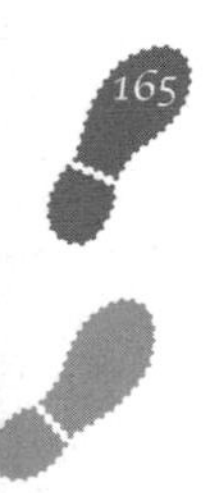

作家三毛的相繼出現，以文學闡揚五峰美景而為人喜愛。這兩位歷史人物的到來，為原本沒沒無聞的小部落，增添幾許詭譎的氣氛與神祕的色彩。「清泉溫泉」和「賽夏矮人祭」更使五峰聲名遠播。

走訪武陵農場的自然生態之美，以及尖石鄉錦屏村的文學景點、五峰鄉清泉部落的山水畫景，甚至丁松青神父為建設清泉部落所做的人文奉獻，都讓四位來自日本的年輕人，禁不住內心澎湃不已的旅愁，心情忽然黯沉下來，口裡不停讚嘆著台灣好山好水以及原住民部落自然美景給他們帶來無限好感，卻也因為台灣之美，愈加使得這一趟台灣之旅，所見所得的興奮情愫，積壓成為一種對台灣更為明晰的印象。

櫻井修說，待他返回日本之後，將在學校所出版的刊物，撰文記錄他到台灣旅遊所見美好的一切。今岡為之則說，他要把到台灣旅遊的美好見聞與經驗，跟班上其他同學一起分享。三島浩之認為，他對台灣的印象，從模糊到深刻，從一知半解到深入瞭解，是他在學習人生過程中，最有建設性的收穫。

渡邊雄三再三強調，這將不會是他唯一一次到台灣來，未來他會尋求更多的機會到台灣來考察，以及觀光；台灣之美，是他從未領受與想像到的。

旅行札記

櫻井修、今岡為之、三島浩之與渡邊雄三等四位日本年輕大學生來台旅遊，一個月期間所見到的台灣觀光景點與旅遊品質的優缺點不少，雖說內醜不外揚，然而，勇於面對並改進，台灣的觀光事業才會有更美好的遠景：

優點：

1. 台灣的水果與農業遠近馳名，堪稱水果王國。
2. 山區自然風景美不勝收，易於吸引遊客。
3. 自然生態保育工作持續進行，成為觀光旅遊的特色。
4. 以文學的精神內涵為特點，輔助觀光建設，傳輸旅遊新景觀。
5. 以文學家之名創造景點，形成觀光獨特的新創意點。
6. 山區溫泉具優雅特色，可做為旅遊宣傳的要點。
7. 原住民嘹亮的歌聲與生動舞蹈，發揚文化特色，成為吸引觀光客的特點。
8. 原住民熱情與好客的情愫，使人難忘，增添旅遊興味。

缺點：

1. 風景區四周的廣告招牌與宣傳貼紙，呈現出奇醜無比的亂象。
2. 風景區停車場設計不周全，導致停車困難且無章法、人行困難。

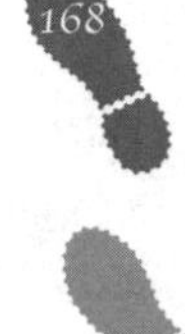

3. 風景區道路狹小，常出現瓶頸，易於出事肇禍。
4. 風景區人車混雜而行，破壞觀瞻之餘，遊客的生命安全未受保障。
5. 前往觀光區的道路指標，公里數衡量不夠仔細，常在不同地點出現同里數的情況。
6. 遊覽區的公共廁所髒亂、陰暗、溼滑、惡臭、水源不足，令遊客視如廁為畏途。
7. 觀光區的垃圾桶設計未盡理想、美觀，垃圾桶四周蠅蟲四起，惡臭四溢。
8. 山區道路整建不夠理想，土石流成為阻礙部落觀光的最大元兇。

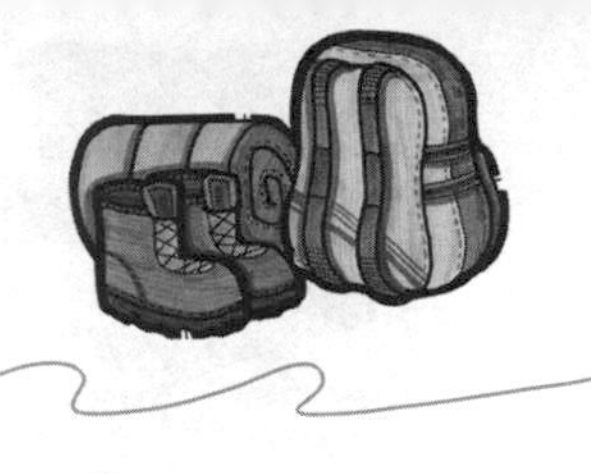

第六章　找出台灣魅力經典農村的觀光價值

為了建立台灣觀光事業更好的發展，內政部營建署曾經推動「一鄉鎮一特色，創造城鄉新風貌示範計畫」，準備為台灣打造成一個觀光旅遊勝地的計畫；經濟部中小企業處也曾推出「地方特色產業」的企劃；行政院農業委員會漁業署則推動「富麗漁村」的計畫；行政院文化建設委員會也適時提出推動「社區總體營造」、「文化創意產業」、「台灣地貌改造運動，其中包含了八項專案：套裝旅遊路線、國家門戶專案、新校園運動、新故鄉營造、城鄉新風貌、新河川運動、生態工法、新文化設施等」；經濟部商業司也著眼於地方產業的推動，企劃推廣「形象商圈」；期間，行政院農業委員會也跟著強力推動「一鄉一特產」、「休閒農業」等活絡地方產業的活動；行政院環境保護署也接續推動「模範環保社區」、「春、秋海岸清潔維護計畫」的美化環境活動；行政院衛生署同時間也推出「健康社區」，辦理「健康環境與空間營造計畫」的多樣性活動。

相關政府單位為了推動農業休閒文化活動，以及為促進台灣觀光業提升旅遊素質，各部會相繼規劃和推動以各自觀點為主軸的觀光休閒整建活動，出發點都強調要讓台灣恢復「美麗的寶島」的實質雅號，同時協助觀光旅遊業，促使國外旅遊人士能夠前來台灣旅行休閒，甚至開發投資。

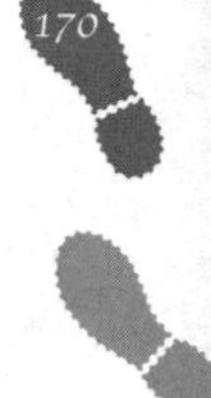

然而，為避免各部會主辦單位的主觀意識過強，以及僅為了做業績給上層交差了事，相對有效遏止各單位各行其是，缺乏跨部會整合，行政院遂將上述所有已經執行的計畫，或者尚待執行的計劃，一併納入到「挑戰二〇〇八國家發展重點計畫—新故鄉社區營造計畫」範疇；同時，為了能有效整合各部會資源及建立協調機制，行政院又積極核定設置「新故鄉社區總體營造諮詢委員會」，並於該委員會中設置「新故鄉社區總體營造推動小組」。

所有的計畫無非希望建設台灣成為一個美麗新天地，卻是計畫歸計畫，經過整建或施行的地方建設、城市景觀、農村風貌、漁村新景、文化產業，甚至「一鄉一特產」、「一鄉一特色」是不是都已如期改善或建造完成了呢？

建設需要時間，更需要智慧與毅力相互配合，其中，行政院原住民族委員會也曾提出辦理「部落特色及觀光產業之輔導改善」的計畫，並於二〇〇二年度施政績效總報告中，由該會提出執行改善的情形，特別提到：

原住民族委員會於二〇〇三年度完成辦理原住民部落社區產業發展計畫，輔導原住民部落產業生產及加工經營計畫，輔導原住民部落特色產品拓售行銷計畫，與建農特產品拓售中心五處，輔導原住民工藝產業發展計畫，輔導設置或充實傳統工藝品工作室（坊）四十四處。

原住民族委員會並輔導原住民部落生態旅遊發展計畫，輔助原住民地區自然生態保育區之設置及資源調查八處，輔導原住民民宿經營管理計畫及辦理「輔導原住民民宿合法化」經營十處、「原住民觀光產業輔導計畫」。

如果以發展原住民部落的觀光產業來看，上述所言輔導的機能與處所，顯然過於緩慢，這對正處於大力發展觀光的全台原住民部落而言，的確有待加強。

另外，關於建設各鄉鎮觀光旅遊，達成「一鄉鎮一特色」及「一鄉鎮一特產」的計畫案，企劃固然具有創意，也深具吸引力，但是，辦理的狀況又呈現出怎樣的結果呢？

銘傳大學觀光學院曾於二〇〇四年五月五日寫了份公函給行政院，並提出建議：「由縣市一鄉一特色發展為基礎，為各地方樹立遊憩資源獨特性。」、「強調各景點與地方本土自然、人文資源結合，創造每個景點獨特性。」

這是一種有力的督促作為，為了讓台灣的觀光旅遊起飛，為了促進台灣成為一個人人喜歡到訪的美麗國境，銘傳大學所提建議，不久後，得到行政院的答覆，行政院相關部門回覆說：「目前各縣市所屬鄉鎮皆有其特色，為發展觀光產業立下良好基礎。」

一鄉鎮一特色的文化特質

以人文為主體的新興觀光事業，特別著重健康、快樂、新奇和文化特質，所

謂「一鄉鎮一特色」及「一鄉鎮一特產」的建設與施行是否真的達到表現出其地方特色了呢？行政院提出一份具體的案例，說明「一鄉鎮一特色」及「一鄉鎮一特產」的確深根民間：

宜蘭縣：宜蘭河、蘇澳冷泉嘉年華、南澳南北溪生態觀光旅遊、長埤湖風景區、風箏節、蘭雨節、跑馬古道、草嶺古道等特色。

台北市：五分埔成衣產業、信義商圈、建國假日花市與玉市、五星級飯店、書店街、婚紗街、攝影器材街、中正紀念堂、二二八和平公園、師大夜市、迪化街及週邊產業、古蹟文化、傳統美食、成衣業、士林夜市、陽明山區、故宮博物院、士林官邸、關渡平原、關渡河岸水域、新北投親水公園、丹鳳山、軍艦岩、貴子坑溪步道，北投古蹟景點等特色。

台北縣：板橋林家花園、新店碧潭、鶯歌陶瓷、三峽祖師廟、淡水河風景、瑞芳九份老街、深坑豆腐、坪林茶、三芝海岸、石門海岸、八里夜色、平溪天燈、雙溪鄉、貢寮音樂祭、金山鴨肉、萬里野柳風景區、烏來溫泉等特色。

基隆市：鯊魚煙、汕頭牛肉麵、海藻創意花草茶、海洋冰、山藥、基隆廟口等特色。

桃園縣：水蜜桃之夜、竹筍及高山鯝魚知性之旅、復興鄉三光村彩虹瀑布、石門活魚、平鎮有機農作物及花卉、埤塘文化、新坡八卦窯、新屋濱海遊憩區、

永安雪森林（含公共造產）、永安濱海遊憩區、綠色走廊自行車道、大崙地區自然生態休閒產業、味全埔心牧場、壽山巖觀音寺三級古蹟、大棟山縱走關公嶺等特色。

新竹縣：竹北市濱海遊憩區、仙草節、姜厝古宅及紅樹林風景區、上瑞休閒農漁園區、飛鳳山自然景觀區、寶一、寶二水庫、十二寮休閒農業區、義民廟活動、那羅文學屋、司馬庫斯神木區等特色。

新竹市：摃丸、米粉、古奇峰風景區、迎曦門護城河、新竹科學園區、玻璃藝術活動、香山海岸夕照等特色。

苗栗縣：關刀山、三角山、三通嶺、慈濟山、百壽紙湖農場、永興清水公園、茶街、觀魚步道、河濱公園、鳴鳳古道、錫隘古道、觀光草莓園、（聖衡宮、雲洞山）觀光果園、雲禪寺、馬拉邦大崠、山羊窩瀑布、外埔漁港、神農明日葉農場、西湖溫室蔬果、西湖甘薯、西湖鮀鳥、鄉野傳奇休閒農園、祕密花園、義芳農場、金龍窯、吳濁流藝文館、蓬萊礦場、向天湖、加里山風景區、老郵局、東河國小原住民資源教室、三灣梨及內灣村溫泉、九華山朝聖區、雙峰山桐花、挑鹽古道、雙峰山登山步道、明德水庫風景區、石墻紅棗觀光果園、福星黃金小鎮、打療坑油桐花季、開礦石油陳列館等特色。

南投縣：信義鄉彩虹瀑布、信義鄉同富酒莊；信義鄉風櫃斗賞梅區；原住民風味餐、尊榮國姓遊一品菇宴饗活動、埔里花都意象、三級古蹟—糯米石橋、

國姓搶成功文化節、國姓鄉福龜農業多功能中心、九份二山震央紀念碑、探索台灣逗陣行—人文生態學習聯盟之旅、九二一大地震紀念地—台電高壓電及觀光鐵道、名間茶香步道等特色。

台中縣：東勢高接梨、柑橘、甜柿觀光果園、后里馬場、毘盧禪寺、仁里休閒步道、泰安鐵道文化園區、中社觀光花市、月眉觀光糖廠、后里休閒農場、澤民樹、月眉育樂世界、東汴枇杷專業區、石岡土牛堆置場空間再利用計畫、神岡社口林宅（大夫第）、筱雲山莊、古碑亭、岸裡文物藝術館潭雅神自行車綠園道、犁記餅店、大里杙老街、新社山櫻花、九二一地震博物館、武陵農場等特色。

台中市：電子街、美術園道商圈、精明一街（歐洲風味十足之品茗、咖啡徒步商圈）、大隆路（流行商品文物商圈）、天津服飾（為中部地區批發服飾匯聚之商圈）、一中商圈：青少年商品之現代風味商圈、大坑圓環商圈（結合大坑風景資源之休閒商圈）、大坑休閒農園、太陽餅等特色。

彰化縣：彰化肉圓、八卦山大佛、鹿港民俗文物館、鹿港龍山寺、天后宮、彰化市孔子廟、王功漁港、田尾公路花園、鼓山寺、清水岩、虎山岩、台灣民俗村等特色。

雲林縣：北港朝天宮元宵節燈會活動、褒忠花鼓陣、番薯文化節、海清宮—包青天祖廟、布袋戲故鄉、虎尾溪鐵橋等特色。

嘉義縣：竹崎公園、竹崎鄉親水公園、奮起湖風景區文史館、杉木森林、阿里山鐵道車站、朴子市向日葵花季、大林芎焦山觀光園區、中崙溫泉、北回歸線標誌公園、開元殿民族英雄鄭成功大神像暨文物紀念館、仁義潭水庫、中寮城隍廟、朴子溪紅樹林生態園區、朴子休閒漁業體驗區、新港鐵路公園、阿里山山美村達娜依谷自然生態公園等特色。

台南市：台南小吃、赤崁樓、德記洋行攀樹屋、安平風景區、鹿耳門香醮等特色。

台南縣：曾文水庫、虎頭埤水庫、南鯤鯓代天府、烏山頭水庫、走馬瀨農場、關仔嶺泥溫泉區、總爺糖廠、麻豆柚子等特色。

高雄市：壽山風景區、旗津渡船與海產、愛河、真愛碼頭、西子灣夕照、城市光廊、蓮池潭、打狗英國領事館、六合夜市等特色。

高雄縣：澄清湖風景區、茂林風景區、六龜飛雪瀑布、田寮鄉月世界、佛光山、美濃民俗村、阿公店水庫、甲仙鄉化石館、寶來溫泉等特色。

屏東縣：牡丹水庫、旭海溫泉、大梅大山溫泉、旭海大草原、女奶山、內獅瀑布、客家文化園區、天后宮、昌黎祠、美和徐家祠堂、美人洞及烏鬼洞風景區、長治大同農場、八大森林遊樂區、高樹鄉地方產業交流中心、來義大峽谷景觀遊憩區、墾丁等特色。

花蓮縣：吉農冰城、康福觀光農場、鬱金香休閒花園、鳳林客家文化園區、

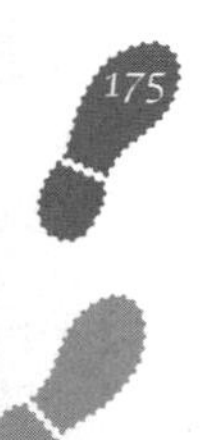

太魯閣族傳統織布編織、光復綠色迷宮、光復糖廠、玉里安通溫泉等特色。

台東縣：福鹿茶區、良質米專業區、龍田蝴蝶保育區、成功鎮旗魚季、油帶魚嘉年華會、紅葉少棒館、蘭嶼原味餐飲活動、關山鎮農會文化休閒廣場、山豬窟休閒農業區、飛行傘等特色。

澎湖縣：澎湖跨海大橋、澎湖天后宮、吉貝海上樂園、雙心石滬、風櫃洞、吉貝嶼、四眼井、七美人塚、桶盤嶼、塔公塔婆、虎井嶼、西嶼西台、中屯風車發電機組、澎湖水族館、山水沙灘、望安嶼等特色。

金門地區：傳統聚落、古寧頭戰史館、太武公園、太湖、金門酒廠、金門貢糖、菜刀等特色。

馬祖地區：海蝕地形、天然沙礫灘、沙丘、島礁、懸崖峭壁景觀、東引燈塔、馬祖酒、碉堡、營區、古砲、坑道等戰地景致等特色。

上述各縣市以塑造觀光活動的獨特性與吸引力，值得各級觀光主管機關多加宣導。

由是，這種強調「一鄉鎮一特色」及「一鄉鎮一特產」的觀光行銷主軸，顯然很難從上述列舉的地方名詞中得到答案。

如果以四個日本年輕大學生曾經造訪過的台中縣太平鄉武陵農場，以及新竹縣尖石鄉、五峰鄉來說，台中縣太平鄉的特色很清楚：武陵農場；那麼，新竹縣尖石鄉和五峰鄉的特色又是甚麼呢？總不能以「原住民的故鄉」、「特產是竹筍」做為膚淺的解讀吧！也就是說，台灣有更多的鄉鎮跟新竹縣尖石鄉和五峰鄉一樣：「沒有特色」，或者是「沒有被發現有特色」。

這種沒能徹底執行的企劃，反而彰顯出執行單位與人員的觀念仍有許多進步的空間。

所謂「一鄉鎮一特色」以及「一鄉鎮一特產」或者是「一鄉鎮十景點」等的觀光旅遊建設目標，的確需要在各縣市熱絡展開相關的重建與行銷作業。

發展台灣魅力農村

這期間，擔任治山防洪、山坡地整治、土石流預防等，直接關係到國土保育、生態維護，以及災難搶救與復原，幾乎站在與大自然抗爭、奮鬥第一線的農委會水土保持局，結合了生產、生活和生態三位一體的功能，協助農村發展成觀光旅遊的新領域；這個被稱為「台灣魅力農村」的執行計畫，成功的導引台灣許多農村的建設，成為可供遊憩與觀光旅遊的新景點。

台北縣萬里鄉磺潭村、桃園縣龍潭鄉三水村、新竹縣新埔鎮照門社區、苗栗縣大湖鄉薑麻園、三義鄉雙潭村與獅潭村、苗栗縣通霄鎮福興社區、彰化縣田尾鄉打簾社區、南投縣水里鄉上安村、南投縣魚池鄉大雁村澀水社區、雲林縣古坑鄉華山社區、嘉義縣梅山鄉太平村、台南縣楠西鄉梅嶺與龍崎鄉牛埔、宜蘭縣大同鄉玉蘭社區、宜蘭縣蘇澳鎮港邊里、花蓮縣瑞穗鄉舞鶴村與富里鄉羅山村、花蓮縣光復鄉大馬太鞍社區、大全社區、大興社區、富豐社區、台東縣池上鄉萬安與鹿野鄉永安社區等，都在水土保持局的協助與村民同心建設下，發展成為具有觀光特色與價值的台灣旅遊新景點。

水土保持局局長吳輝龍在接受本書作者訪問時強調：「在發展『台灣魅力農村』這個施政的主軸下，水保局適時地引導農村轉型，使傳統的農業轉型為休閒產業，並與觀光結合，迎合國民旅遊時代的來臨，許多新興的旅遊景點，就是在水保局的規劃下完成的，原本的農民搖身一變成為休閒產業的業者，農舍也成為最具地方特色的民宿，並提供風味獨特的各種風味餐，吸引周休二日的國民攜老帶幼前來遊憩。原本瀕臨凋敝的農村經濟，猶如注入了一泓活水，原本收入不豐的農家，經濟情況也明顯地改善了。由於前景看好，更吸引了更多的農民準備投入，不管是山巔海隅，凡是有遊客登臨之地，都呈現出一片欣欣向榮的氣象。」

吳局長表示：「由於農民的反應出乎我們意料之外的熱情與成功，使得水保局備受鼓勵，更積極地來推動這項工作。我們為農民做好必要的坡地保育及防災工作，以及相關的公共設施，來協助有意願轉型的農民，也方便遊客旅遊。這些基礎設施一旦完備，整個農村的休閒產業當會更蓬勃的發展，可望成為國民旅遊的主流，創造更多的產值。」

除此之外，如何將坡地農村社區之美，廣為宣傳，讓更多的遊客前往遊覽、

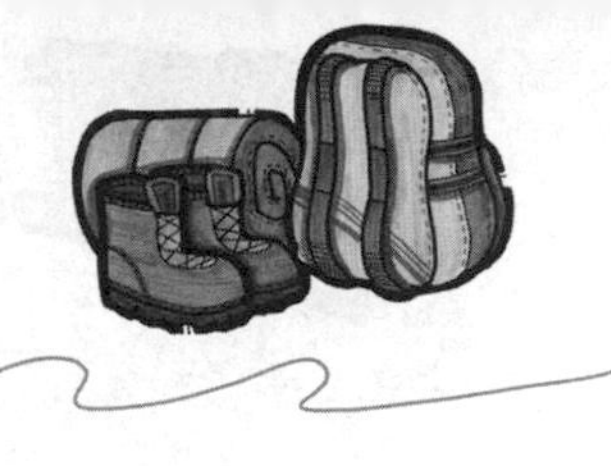

消費；配合農委會新農業運動漂鳥計畫，吸引有志於農耕的青年留在農村，吳局長一再表示，這是水土保持局責無旁貸的工作。

這一項推動農村新風貌建設，營造魅力農村，確保農村永續發展，是屬於新農業運動構面，也即是魅力農村的重要內涵。

透過軟硬體的建設，藉由協助引導民間自主性組織團體共同參與，落實由下而上的「社區總體營造」制度，結合生態、景觀、生活、產業發展與社區文化，營造鄉村新風貌。然後透過居民及地方政府自主性的共同參與，在有規劃、有願景的前提下，提供地方示範性技術支援與經費補助，培訓鄉村人力，協助發展休閒農業，建設兼有產業、人文、自然生態及地區特色的新風貌農村，這幾年來，魅力農村形成為台灣具有相當潛力的觀光旅遊前景。

經典農村成為新觀光景點

二〇〇七年十月二十四日，中央社一則新聞特別提及：

台東縣鹿野鄉永安村今年獲選十大經典農村，讓這個原本默默無名的小農村，一夕間成為熱門的休閒渡假去處。今年湧入的觀光人潮超過四十萬人次，繼知本溫泉、綠島之後，成為台東縣知名景點。

鹿野鄉永安村位於花東縱谷國家風景區內，過去是一個小農村，從一九九一

年起在水保局第五工程所和花東縱谷國家風景區管理處的大力輔導下，積極轉型休閒產業，設置台東第一個觀光茶園「高台觀光茶園」，並引進飛行傘運動，加上永安社區發展協會大力推動社區綠美化，今年獲選第一屆全國經典農村。

除了經典農村讓這個偏僻小農村受到矚目外，這一兩年，鹿野地區高檔民宿如雨後春筍般林立，甚至還有五星級的酒店開幕，且緊鄰紅葉溫泉，讓這個小農村成為台東新的觀光景點。

永安社區發展協會解說員廖忠勳說，外縣市遊客逐漸有「要住宿、要休閒，就要到鹿野鄉」的概念。他說，今年台東知本溫泉、綠島、東海岸的旅遊人次普遍下滑，只有永安村成倍數成長，突破四十萬人次。

廖忠勳表示，永安村除了擁有「風情萬種」的經典農村外，住宿、交通都很方便，遊客可自由自在享受電動自行車遊社區的樂趣，也可以體驗飛行傘、滑草的快感，夜幕低垂時，則品嘗風味餐、茶敘、交誼。

一位名叫李安君的遊客，在旅遊過鹿野鄉永安社區後，即在個人的部落格發表了如下的旅遊感想：

鹿野的永安社區是去年台灣十大經典農村之一，看似寧靜，深入內部，才知道其中奧妙，我和朋友騎上電動腳踏車，一站站晃，慢慢欣賞，「動人」二字最足以形容這個農村。

同一段時間，民視電視台也在新聞節目中報導：

農委會首度舉辦的全國十大經典農村名單中，花蓮縣就囊括二名，光復鄉的生態復育和瑞穗鄉舞鶴地區的茶鄉，受到評審委員青睞，讓花蓮的新農業運動大放異彩。

婦女們彎下腰採收著春茶，在這片綠油油的景象裡，是不是給您一種心曠神怡的感覺呢？這裡是花蓮的舞鶴茶區，美麗的茶園景色，在這次農委會所舉辦的農村選拔中獲得青睞。

除了茶園以外，花蓮光復鄉的馬太鞍濕地也以生態復育的特色獲得入選，瞧瞧這一隻隻美麗的蝴蝶飛舞，更讓生態保育專家，覺得十分珍貴。

古色古香的舞鶴茶園和馬太鞍濕地對於特色產業的努力，不僅保存了天然資源，更提供了民眾一個假日休閒的好去處。

十大經典農村所產生的旅遊效應，已然在各地造成震撼性的成果，遊客紛紛利用假期，攜家帶眷的走訪這幾個台灣旅遊新景點；為了行銷十大經典農村，水土保持局更是經常性辦理各地觀光從業人員，到經典農村參訪的活動。

期間，花蓮經典農村體驗之旅，計有三十餘觀光從業人員參加，在第六工程所所長陪同之下，分別到瑞穗牧場、舞鶴台地等景點參觀，並品嘗咖啡、蜜香紅茶、在馬太鞍進行原住民漁、耕、獵、樂等文化之旅，讓參觀人員留下難忘的回

憶。

舞鶴台地產生二位全國紅茶冠軍，嘉茗茶行以蜜香紅茶獲得第一屆世界紅茶冠軍，富源茶莊今年以紅玉紅茶入選十大經典名茶，在這一趟經典農村之旅中，特別把兩家茶行列入體驗遊程裡，讓北區觀光從業人員見識舞鶴台地紅茶的味道，而舞鶴茶園香濃的阿拉比卡咖啡，讓賓客口齒留香。舞鶴水土保持戶外教室天然美景、園區內的水土保持設施，以及豐富的天然資源，更讓參觀人員如獲至寶，認為是一項水土保持的生態旅遊，可成為外國遊客到花蓮的另一旅遊景點。

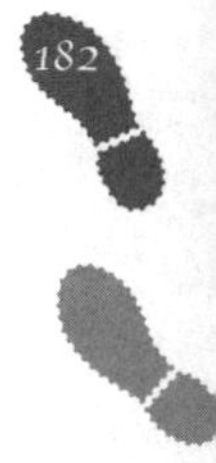

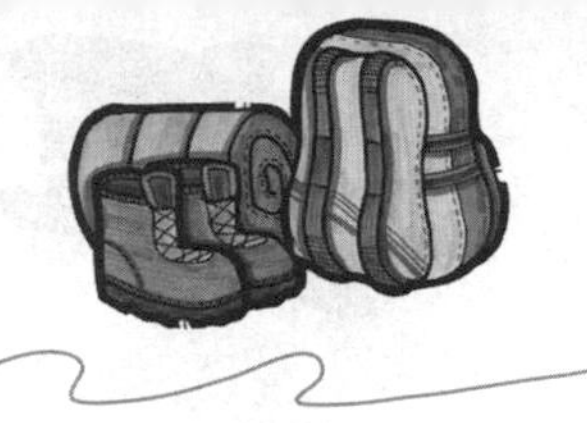

旅行札記

台灣的觀光魅力在農村，傳統與現代交雜並存的農村，呈現出台灣獨特的多樣旅遊風情，其中，台灣的魅力農村具有以下特色：

1. 社區總體營造創造出社區文化多采多姿的創意產業。
2. 形象商圈成為推動地方產業與地方特色的最大支柱。
3. 一鄉鎮一特色及一鄉鎮一特產，掀起城市人到鄉間農村旅遊的濃厚興趣。
4. 「台灣魅力農村」的計畫，成功的導引許多農村建設，成為可供遊憩與觀光旅遊的新景點。
5. 原本瀕臨凋敝的農村經濟，因為「台灣魅力農村」建設的陸續執行，猶如注入了一泓活水。
6. 「台灣魅力農村」的建設，為農民做好必要的坡地保育及防災工作。
7. 結合生態、景觀、生活、產業發展與社區文化，營造鄉村新風貌。
8. 培訓鄉村人力與導覽人員，協助發展休閒農業。
9. 魅力農村的推展，形成為台灣具有相當潛力的觀光旅遊前景。
10. 塑造了一項兼具水土保持與生態保育的生態旅遊，進而成為外國遊客到訪台灣的另一新視野的旅遊景點。

第七章　走進農村看見純樸自然生態

農漁村成為台灣近年發展觀光旅遊最火紅的景點，農漁村的整建工程的成效，這幾年來的確有目共睹。發展觀光旅遊，固然要吸引國外旅客來台，更需要留住台灣的民眾，在自己的國土上旅遊與消費，中央社記者馮昭曾於二〇〇七年十一月十四日發布一則新聞，報導中指出：

二〇〇六年台灣出國人次比二〇〇五年成長五．六％，但因歐元上漲、國際油價升高和新台幣對美元貶值等因素，台灣旅客出國旅遊支出大幅增加十四．八％。

交通部統計處在交通部部務會報中提出「我國觀光旅遊市場統計分析報告」。

統計結果，包括來台旅客消費金額（旅遊外匯收入）和國民旅遊支出，二〇〇六年台灣旅遊總收入新台幣三千八百九十四億元，占國內生產毛額（GDP）的三．三％，比二〇〇五年成長十．九％。其中旅遊外匯收入為一千六百五十一億元，約占四成二；國人的國旅支出為二千二百四十三億元，約占五成八，顯示台灣旅遊總收入仍以國旅為主。

在旅遊支出方面，統計處分析，二〇〇六年國人出國旅遊總支出（含國際機

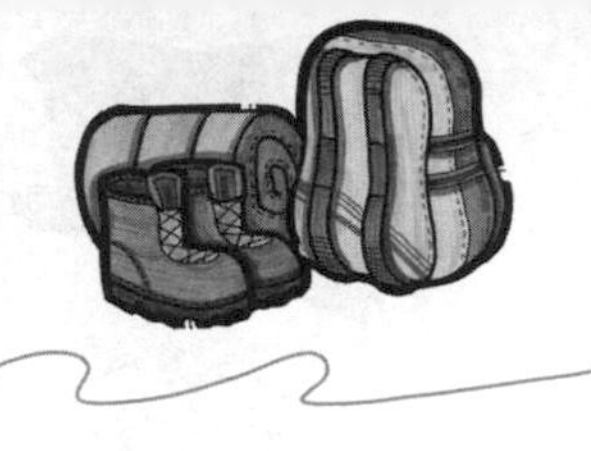

票費用）為四千零一十五億元，比二〇〇五年大幅增加十四．八％，但二〇〇六年出國人次只比二〇〇五年成長五．六％。

觀光局說明，旅遊支出包含國際交通費用，但旅遊收入不含國際交通運輸費用，可能是歐元上漲、國際油價升高和新台幣對美元貶值，才會造成二〇〇六年的旅遊支出大幅增加。

由於以「業務」為來台目的的旅客比重逐年下降，加上最大旅客來源國日本的出國人數減少，今年來台旅客成長慢，今年一至十月來台旅客三百零一萬，比去年同期成長四．八二％。最後兩個月要有七十四萬人次來台，才能達到三百七十五萬的目標人次。

觀光局長賴瑟珍表示，觀光局正在做最後衝刺，但人數固然重要，質也很重要，最近有旅行社帶來登山旅客，在台停留長達十六天，團費十六萬元；觀光局並規劃十大經典農村等不同旅遊主題，希望延長旅客停留天數。

交通部和觀光局的說法，跟調查委員在專案調查報告專文中，提及改善觀光產值的說法一樣，都著重在如何改進觀光旅遊的產值，進而增加外國觀光客來台旅遊的人口比率。

也即是說，過去外國觀光客因桃園國際機場的地利之便，選擇到北部和中部的景點從事旅遊者居多，可是自從高速鐵路與北宜高速公路通車之後，全台成為一日生活圈的趨勢越來越明顯，也越來越有可行性，只是，目前尚欠缺專為入境

旅客行銷全台文化創意的經典產品、全台美食、全台農漁特產、全台觀光景點、全台節慶賽會等旅遊活動的機制，不易使入境的外國觀光客將旅程延長至南部、東部，殊為可惜；這一點，台東機場的出入境大廳販賣部主要以銷售台東地區著名的農產品、手工藝品，倒是一個很好的範例。

因此，交通部觀光局宜未雨綢繆，及早規劃因應方案，使入境旅客願意增加在台旅程的時數，才可能提高國內觀光產值。

就在行政院將二〇〇八年和二〇〇九年定為「旅行台灣年」，計畫投入新台幣十億元，以二〇〇九年來台旅客達四百二十五萬為目標，預計創造觀光外匯收入一千九百二十一億元的時刻，以及為因應監察院調查報告中，鼓勵外國觀光客將旅程延長至南部和東部為目標的計畫，建設和行銷東台灣的旅遊勝景，正是刻不容緩的要務。

一群來自台灣不同地方的年輕教師，與他們在日本旅行時巧遇，目前就讀早稻田大學的櫻井修和今岡為之兩位喜愛旅行的大學生，終於在台北相會了，他們打算依循農委會水土保持局規劃的經典農村建設，行腳到東部，深入探訪台灣東部的美麗風景。

為了答謝這兩位年輕的日本友人，在日本旅行期間，對台灣人所做無微不至的旅遊導覽與照顧，這一群台灣的年輕人，決定分批帶領同時一起前來台灣旅遊的三島浩之與渡邊雄三這四位日本大學生，走一趟台灣經典農漁村的美麗生態與

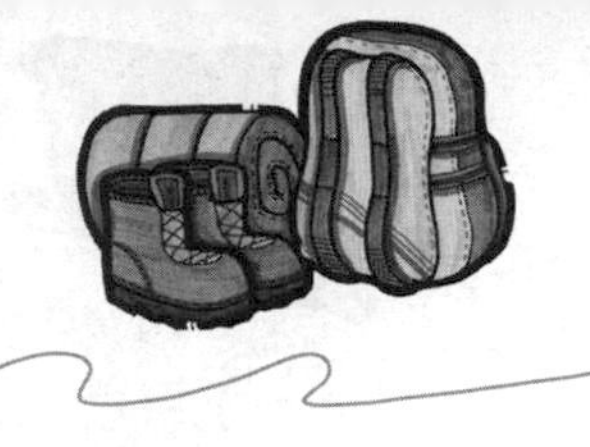

農漁村的觀光建設，期望這四位年輕的日本大學生深入台灣鄉間，親睹台灣的山水之美。

擔任義務旅遊導覽員，目前任教某國中的黃修司老師、陳靜芳老師，以及擔任某高中國文教師的女性劉心宜老師、沈文寧老師，便對櫻井修等人提及，台灣的觀光單位，以及地方政府相關單位，對於推動觀光客來台旅遊所做的努力與成果，的確是可預見的，然而，就不知道為甚麼到台灣旅遊的觀光人次不增反減？問題到底出在那裡？

黃老師期望藉由帶領四位日本年輕人走訪台灣鄉間風光，讓國外人士能夠深刻瞭解，美麗寶島絕對不是浪得虛名。

二〇〇四年時，政府相關單位曾推出「五年五百萬觀光客倍增計畫」，預定二〇〇八年來台旅次可以達到五百萬人次，但是，二〇〇七年的觀光目標人次又定為四百萬來看；後來又將來台旅客下修為三百七十五萬人次。結果，二〇〇七年來台旅次僅為三百七十一萬六千人次，修正後的觀光旅次目標仍未達成，這即反應出台灣的觀光旅遊發生了極大的問題，問題所在為何？確實需要觀光單位審慎研究改進。

來台觀光人次不斷減少，觀光業者估算，若以每名旅客來台旅遊五天，每天花費一百美元計算，少了一百二十八萬多旅次，台灣一年的觀光收益便少了至少台幣一百七十多億元，經濟發展自然受到嚴重波及。

由是，重建台灣觀光旅遊的新景點與新印象，都是當務之急。

選擇帶領四位年輕的日本人參訪台灣經典農漁村，本質上具有行銷台灣之美的重大意義，尤其台灣尚有四千餘個大大小小富有風土人情的農漁村，這些充滿著旺盛生命力的農漁村，都足以明證台灣具體的新農業運動，所產生的新農村景觀帶來的旅遊產值。

走訪經典農漁村，無非藉機發現台灣鄉土風情的新面貌、新氣象。

這項由「農委會水土保持局」企劃，「糖葫蘆文教基金會」負責執行的「文學作家參訪經典農村」的活動，已然舉辦兩年，其主要目的，是希望透過文學家的眼和筆，深刻的發現台灣農村之美，以及農村發展成為觀光旅遊新景點的特殊意義。

從新竹縣新埔鎮照門地區到花蓮縣光復鄉大馬太鞍社區，這一群台日青年，總計花近二個星期的時間，走訪十個經典農漁村，而偏巧這十個景點區，正由行政院農委會所屬的水土保持局委由十位當前台灣著名的文學家，以旅行文學的寫作方式，見證經典農漁村所展現，台灣農村多風采的觀光新景致，包括自然生態、農漁產品、在地人文、民宿，以及經由水土保育，重建農村美化的優質環境等新風貌。

生態教學教室

他們的第一站來到新竹縣新埔鎮照門的富麗農村。被列為成功的以水土保育概念建造的「照門社區富麗農村」，成為近年來新埔地區最負盛名的觀光旅遊休閒去處。

經過水土保持局規劃與聯合地方人士共同整治建造的「照門社區富麗農村」占地三百餘公頃，包含強調以生態教學區與庭園咖啡區為主的「金谷農場」、長約一．四公里，沿途可見當地栽種的高接梨、文旦、柑橘等果園的「霽月步道」、兼具灌溉與景觀特色的「鴛鴦池」、以蜜源植物復育鳳蝶，園區充滿蜻蜓、三斑鬥魚、獨角仙、鳳蝶等蹤影，農場占地三公頃水梨果園的「陳家農場」、復古三合院改建為農場，山中不時傳來五色鳥、竹雞等鳴叫聲的「秀風農場」、種植大片茂谷柑果園，中堂懸掛著「忠孝堂」匾額，五十年傳統老建築的「福明新農場」、民宿房間內部以紅木、紫檀家具布置，附設的小陽台可供遊客夜晚乘涼，並於此品茗，聆聽青蛙、竹雞、鳥鳴交織大自然樂章，引人思古懷舊之情的「竹風農場」、印尼景屏藤遍植於四周，風情雅致的「景屏藤小吃」，以及總長二．六公里，縱貫整個九芎湖地區，自然景觀保存良好，沿途林木茂密，植物種類繁多，獨角仙、台灣鳳蝶、五色鳥等昆蟲與鳥類到處可見蹤跡，形成一條豐富的生態教室的「九福步道」，都成為「照門社區富麗農村」的主要景點。

就如同以「微觀照門農村富麗」來描繪照門地區的著名小說家李昂所言：「在照門地區的幾個農場，看到生態池裡相互依存的水生植物，蘆葦、台灣水龍、過長沙等，而姑婆芋、月桃、野薑花更是陪伴水旁的濕地植物。可以有除汙使得水乾淨的好幫手。」

「更不用說因而樹蛙、蜻蜓、豆娘齊聚一起，讓生態池除了魚外更加多彩多姿。」李昂說。

櫻井修等人在照門社區專程拜訪建造富麗農村期間，被村民喊做「黃班長」的金谷農場負責人黃劉振告訴櫻井修等人說，他是在「人助自助天助」的觀念下，全心全力遊說村民處理私有土地，並配合水保局的規劃，進行野溪整治、農村公園化，以及將原本僅只二米寬的道路拓展為九米，同時在道路兩旁建造水溝與設置盆栽，維護水土保育。

一九五二年出生，曾在成衣廠工作二年，自稱一生農夫命的黃劉振強調，如果沒有水保局推動「富麗農村」的計劃與施行，照門地區的農業恐怕早已崩盤。放眼每屆周日即湧入上萬人潮的九芎湖農業區，黃劉振感喟地認為，如果當年不做，現在的照門社區不知道會成甚麼模樣呢！

「維護和自我管理是很重要的，」黃班長說：「麻雀變成鳳凰，更要懂得珍惜。」

老實講，要懂得珍惜的尚包括一般遊客了。

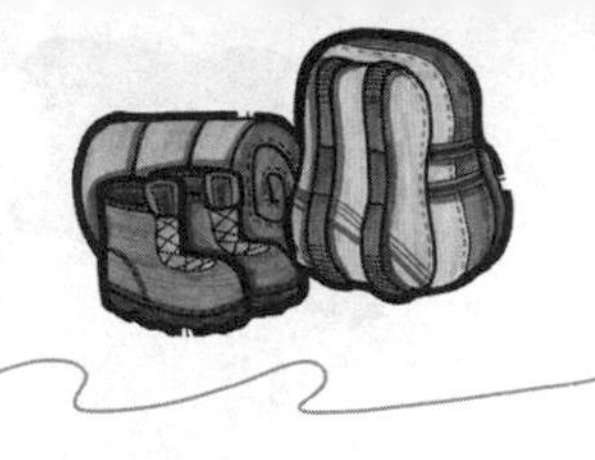

許多人常說，台灣觀光產值比率低於許多已開發國家，甚至不如開發中國家，台灣應該如何提升觀光品質，以招徠國際觀光客？而不會讓觀光客一生只願意到台灣走一遭而已？

這是因為「觀光教育不足」，促使國內外觀光客銳減的主要原因之一。

由是，在通往照門社區入口處旁的野地上，民眾任意燃燒垃圾污染空氣，部分車輛的駕駛人任意自車內拋棄菸蒂、檳榔渣、塑膠紙袋等垃圾，破壞觀光地區道路整潔，使人看了不禁感嘆觀光客這種忽視公共道德，以及誤認鄉村野地即可隨意擲棄垃圾的意識，正是台灣觀光事業難以突破瓶頸的主要原因之一。

美麗的鄉間農村風光，不但讓櫻井修等人見識到台灣的生態之美，看見台灣農村積極推廣「有機農業」的新作為；卻也同時見識到台灣人忽視公共道德對於觀光事業發展的影響，這種留予他人壞印象的行為與習慣，破壞旅遊觀瞻至鉅，國人在國內旅遊，不能不特別注意觀光旅遊時，自我教育的重要性。

發達酪農業

第二站，這一群熱愛觀光旅遊的年輕人，輕車簡從的來到苗栗縣通霄鎮的福興社區。

通霄是苗栗縣西南方一個濱海的小鎮，以酪農著稱的飛牛牧場聞名全台，如同作家古蒙仁走訪福興社區時，談到九層窩（位於通霄鎮南和里的坡地，俗稱

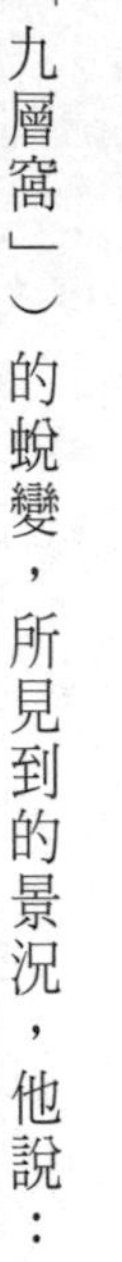

「九層窩」）的蛻變，所見到的景況，他說：

「在通霄在地產業協會的努力下，通霄地區的在地產業有了全新的面貌，改頭換面之後，像雨後春筍般不斷在每個角落裡冒出來。像上田咖啡、如意園民宿、翠松苑三合院、荒木藝苑傳統木作雕藝等形成了在地產業的一條產業鍊，為通霄社區地區注入了更多元、豐富的人文色彩和美麗的田園景觀，吸引了更多的外地遊客來此遊覽。」

尤其飛牛牧場的成立，愈加使得這個社區的發展，受到世人的注目，古蒙仁說：

「由於酪農村的牧野風光十分特殊，青翠的草原更令人賞心悅目，可說是全台所僅見。」

作家又說：「飛牛牧場在這股潮流之下，以獨特的牧場景觀吸引了成千上萬的遊客，已成為休閒旅遊業中的主要景點之一，業績蒸蒸日上。」

蛻變後的通霄福興社區，發展出多元的農村文化特色，使人不禁為台灣農村的觀光規劃成果，感到欣喜有加。

就在拜訪飛牛牧場的路途，一行人不但未見觀光地區道路兩旁設置有違規廣告或設計醜陋的招牌、路標引導牌，連走在草坪小徑上見到部分攜帶愛犬在草原上奔走的遊客，當愛犬在草坪大小便時，會趕忙就地擦拭乾淨，未讓遊客因誤踩狗大便而苦不堪言，這種外出旅行的美德，不正是觀光旅遊最感欣慰的事嗎？

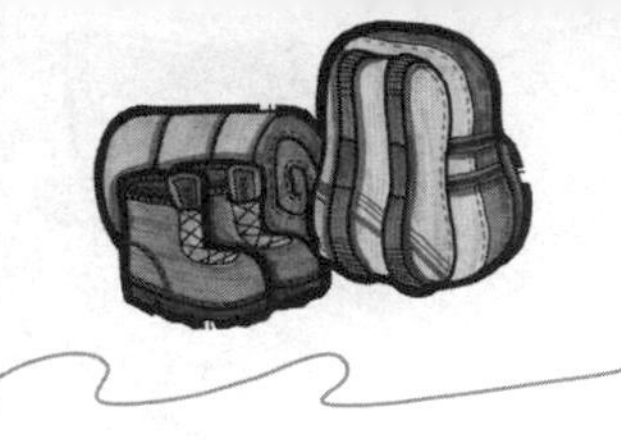

喜愛台灣風光的櫻井樹和今岡為之，隨著眾人從飛牛牧場登上著名的挑鹽古道，往北走，過九力林橋，來到了圳頭窯藝博物館，精巧的庭園設計和陶藝教室，使得這兩位年輕的日本大學生忍不住地讚揚起台灣鄉野風光的美麗盛景。

多元化農村特色

第三站，文學作家一行人來到以生產草莓名聞全台的苗栗縣大湖鄉薑麻園，作家薛淑麗說：「穀倉旅店就是這樣把我們從儲放穀物的記憶，帶往通往夢境的存在，我們躺臥在穀倉裡，彷彿自己也成為穀物般。」

這是作家描述來到薑麻園渡假住民宿的感動。一種奇特的旅行方式，使人為農村發展觀光旅遊的過程中，其景點所衍生的鄉土氣息，感到驚異與新奇。

作家又說：「生態池提供了生物棲息的住所，它讓植物、生物在裡頭互動出一個平衡的生態，也提供了人們觀察自然現象的風景。」

充滿客家風味的山水居、菊園、卓也小屋、福軒養生館、羅莊客家米食、綠葉方舟森林廚房、雙峰木鴨工廠、山板樵、札木工坊、土袋銀行、薑餅等，無不俐落的展現出薑麻園讓遊客動心、動容的快意遊興。

這一群年輕人因為見到台灣農村的水土保育與觀光結合，所產生的旅遊新氣象而驚訝不已。

「不但保有農村的人文特色，同時展現出水土保育的最佳功能，這是一種觀

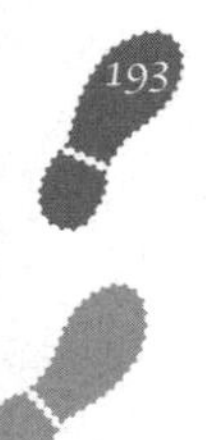

光旅遊景點的新嘗試！台灣怎麼能做到這樣的好程度呀！」今岡為之發出驚嘆的聲音。

「這是一種特色吧！」櫻井修回應說著：「這跟日本多年來為了發展觀光旅遊，特別重視『文化重整』、『環境改善』的觀念，積極而深入的塑造優質觀光文化，培養日本人優良觀光素養的特質十分接近。」

日本前總理小泉一郎於二〇〇三年一月曾提出二十一世紀觀光立國的基本方針，並於同年七月三十一日公布「觀光立國行動計畫」；小泉這項推動觀光立國行動計畫的主要動力，來自國家政府層級和民間地方層級的上下連結，拿文化產業做為推動觀光旅遊的主軸。

為使國內觀光產業也能與國際接軌，行政院曾提出「挑戰二〇〇八—國家發展重點計畫」，其中與觀光產業發展相關的政策構想為第五項子計畫—「觀光客倍增計畫」，該計畫的規劃理念係秉持「顧客導向」的思維、「套裝旅遊」的架構及「目標管理」的手段，整合各相關部會、地方政府及民間團體的資源與力量，以現有套裝旅遊線的整備、新興套裝旅遊線及新景點的開發、觀光旅遊服務網的建置、國際觀光的宣傳推廣及會議展覽產業的發展等五大策略主軸為方向，訂定三十個分項計畫，期於各計畫落實執行後達成二〇〇八年來台旅客五百萬人次的目標。

為了實現這個目標，農村建設與文化特質的相互融合，以期吸引更多觀光客

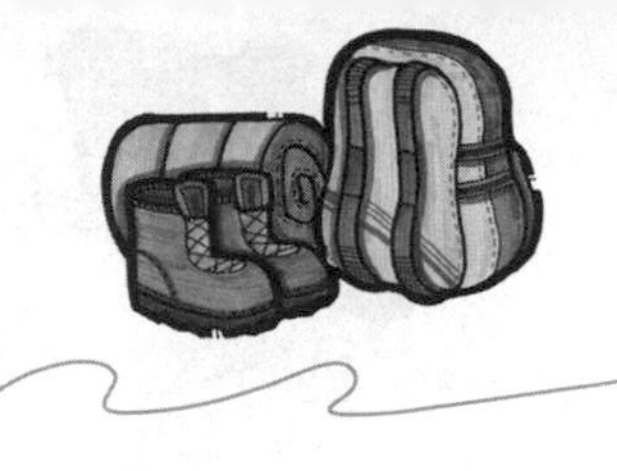

來台旅行時，走訪富麗農村的文化產值，可也是新興套裝旅遊線及新景點開發的一大突破！

台灣紅茶的故鄉

第四站，這一群年輕人來到以日月潭美景獲得世人稱許的南投縣魚池鄉澀水社區。

這個曾經於一九九九年九月二十一日遭到大地震毀壞的村落，經過村民們多年來的齊心齊力整建，「如今走在澀水，群山環抱間的聚落，一幢幢風格統一的斜屋頂建築，美輪美奐，居民們無不發揮創意，用花草樹木細心布置出賞心悅目的居家環境，每一戶都有各自的特色。村內道路周邊，幾乎看不到垃圾，居民們每周固定於假日總動員，攜手打掃整理，也藉此維繫著當初共同打拚所建立的凝聚力。」作家謝禮仲語重心長的說著。

這個標榜著「台灣紅茶的故鄉」的社區，對於喜歡飲茶的日本人來說，果真是茶藝的天堂，渡邊雄三說：「台灣真是美呀！」

社區內到處布滿著陶板信箱與竹編土牆，泛起一股濃濃的藝術風情，竹林、陶藝、竹炭工藝、茶園、生態池、土坰厝、陶板牆等一一彰顯出澀水的美麗風貌。難怪作家謝禮仲會如此說道：

「除了優美的景色，澀水最動人的，就是家園重建過程的居民同心，那樣的

過程與經驗，是所有參訪社區或來此旅遊的人們所該看到的重點；同樣的，那個關鍵的『人心改變』，如刀刃般，可以產生無比動能、披荊斬棘，也可能傷及自身，澀水人與參與自己社區營造的人們，相信也不會忽視。」

他又說：「澀水重建的階段性成功，給予我們很多的啟示，在地仍然活絡的打拚熱情，也給予我們許多的感動，祈願在這股動力與謹記重建奮鬥時的人心凝聚，它能真正成為一個適合安居、宜於旅遊的『樂活社區』。」

觀光旅遊景點光是美仍嫌不足，台灣許多高山、河川、湖泊、埤塘與海洋，都充滿美麗的傳說，同時每個地區都有屬於自己地方特色的節慶活動，這些秀麗景色與優美地質景觀，加上多樣性的生態旅遊，以及獨具特色的節慶觀光活動，都匯集成台灣觀光最大的資源，也帶給台灣發展出獨有的觀光旅遊特色，更是區隔其他國家觀光市場所營造出來，最有利於推動觀光升級的條件。

當前，中央與地方政府雖致力於觀光活動，希冀帶來觀光人潮，增加觀光收入，然而，卻見部分國人因為觀光素養不足，導致許多觀光活動中，不少觀光人潮僅增加「大吃大喝」的消費與環境資源耗損，並沒有藉由觀光而相對瞭解或深刻認識台灣之美，以及台灣優質文化的特色。

利用節慶活動大吃大喝，已然構成文化活動的大忌，實在不值得鼓勵。

尤其，部分國人只重觀光享樂，卻忽視個人觀光素養的行為，確實不利於我國觀光產業的升級發展。就像培養愛護大自然、保育觀光資源與愛鄉愛土的觀

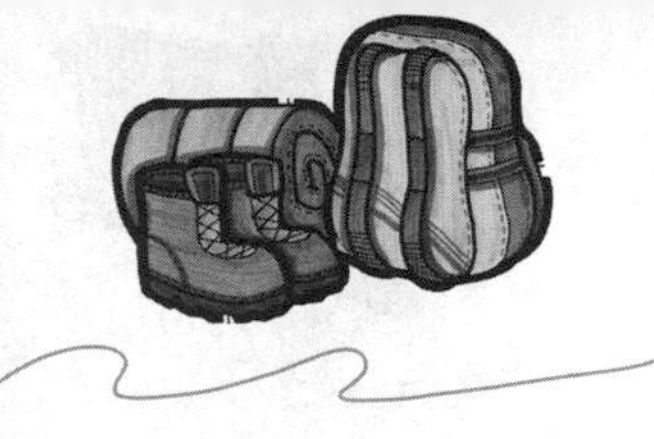

念，並未付諸行動；如屏東「黑鮪魚季」、花蓮縣「曼波魚季」、「飛魚季」，主辦單位僅強調魚好吃，卻未營造愛惜海洋漁業資源的優質觀光文化，又如內灣「螢火蟲」、「櫻花季」觀光活動，部分遊客於欣賞螢火蟲時，不知珍惜自然資源，大肆捕捉、踐踏農民觀光菜園等，又如「花蓮鮮奶節」活動，部分遊客竟以塑膠袋、牙籤餵食動物等，甚至，在觀光人潮出入多的地方，如：車站、月台、火車車廂交接處吸菸，造成觀光客痛苦不堪，嬰兒啼哭不止等，都是優質觀光素養不足的問題。

「觀光產業的發展不僅是政府該做的，同時也是民眾該一起配合的。」多禮好客的櫻井修，以他長期觀察日本觀光旅遊能夠如此發達的原因，提出看法說：「遊客當然要一起配合改進。」

花團錦簇的田園小徑

第五站，這一群台日青年來到以織錦花田聞名的彰化縣田尾鄉打簾社區。

花田何連連，日本有北海道美瑛地區的薰衣草原，台灣有田尾鄉的花鄉村落。文學作家林文義便如此讚譽著田尾鄉的花景，他說：「這彷彿織錦之繪的田尾鄉，從省道兩旁隨意進入，無處不是花樹繽繁的莊園，尋找所愛花種、樹種之外，花農家家亦是咖啡、簡餐、花草茶之另類展延—薰衣草、甜菊、薄荷葉、迷迭香、檸檬香蜂草、百里香。允為此地六種最被稱美的飲食香草類植物，可以入

菜，宜適沖泡。」

喜歡旅遊的林文義，走過無數個國家，卻獨對田尾鄉的花田美景讚不絕口，他稱許道：「這是可以身心安頓之淨土，或許如我是一生許以文學的旅人，暫時小歇，靜靜地看花、近樹，在草葉沁香裡幽幽入睡，若有眠夢，亦祈盼是花香流洄大氣的去塵解鬱。」

以群花裝扮土地之美的田尾鄉打簾社區，花漾遍地，這一群年輕人以漫遊的腳步與心情，走訪花田、充滿歐洲風情的休閒農場菁芳園、璀璨燈照菊花園以及靜美的花香旅店花宿，並在花宿裡淺品一杯濃濃的芬芳咖啡。

今岡為之則說：「這在日本是少有的鄉土情境。」

花之美，人人皆知，人人都愛，但蓄意在觀光景點區採摘花樹，都是令人髮指的惡行；更甚至者如：曾有攝影愛好者假藉藝術之名於「五月雪—油桐花季」辦理裸女攝影活動，傷害現場觀賞油桐花的兒童們幼小的心靈，都屬不智之舉。

再以台北關渡自然保留區為例，台北市政府建設局雖曾公告：堤防警戒線外為關渡自然保留區，依「文化資產保存法」規定，禁止網釣、採摘園內動植物或破壞其原有自然狀態，違者依法處五年以下有期徒刑，拘役或科或併科三萬以下罰金。

又說，關渡自然保留區範圍，嚴禁亂倒垃圾，違者依「廢棄物清理法」規定，處四千五百以下罰鍰。然而，每逢假日，關渡自然生態保留區內，到處可見

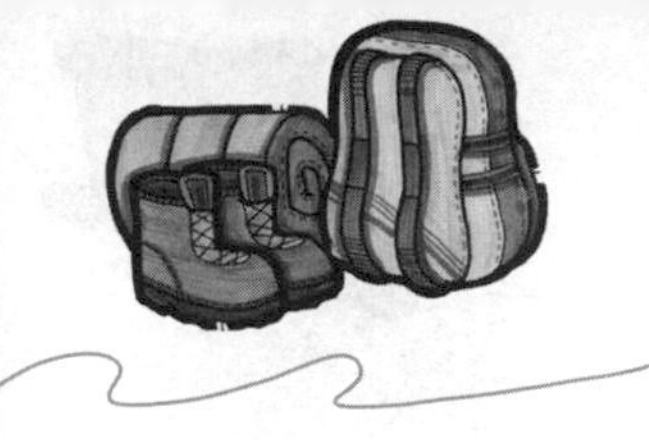

遊客隨手棄置垃圾，也可見到小孩童進入溼地捕捉潮蟹等水生物，凡此種種，都凸顯出部分國人公德心淪喪，不尊重大自然，政府相關部門應適時加強與導正觀光客的旅遊教育素質。

瀰漫咖啡香的文學步道

第六站，這一群年輕人來到以生產咖啡聞名的雲林縣古坑鄉華山村。

作家楊樹清如此描繪他所見的華山村：

「經過水土保持局與在地居民多年的努力，華山已不是恢復舊觀，而是豐實家園、豐富內涵的新姿昂揚，單是『華山步道』的生物多樣性就精采可觀：一號民宿步道、二號松腳步道、三號音樂步道及好漢步道、四號古意步道及雙尖步道、五號山豬湖步道、六號柿子步道、七號咖啡步道、八號汗路步道……，以及涵蓋了綠蔭、親茶、仰山、蜈蜞坪在內的十號系列步道、十一號瀑布步道、十二號原始步道、十三號大尖山步道、十四號教育農園步道；入華山之林，看蒼天遼闊；變漂亮的華山，又為創造商機，再次凝視古坑咖啡的歷史、重新打響『台灣咖啡故鄉』的名號。」

看見華山村滿山咖啡樹，櫻井修與今岡為之等人感到十分詫異，尤其走過那一條「華山文學步道」，這一群年輕人為矗立在山路兩旁的十二塊文學碑，所留下的詩文，流連不已，頻頻以不熟稔的漢文，推敲碑中文的意思。

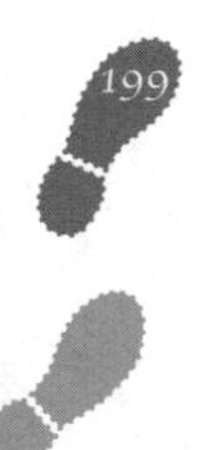

很難懂？很難理解吧！

對於烙印在石塊上，王邦雄、季季、綠蒂、沈文台、宋澤萊、古蒙仁、沈花末、履彊等台灣知名作家的文學作品，以原筆跡的方式刻在石頭上，那龍飛鳳舞的字跡，四個日本來的年輕人，看不出其中文學的意味，究竟何在？

好在，有同行的黃修司老師加以逐字逐文解說，這四位喜歡旅行的日本年輕人才稍稍從中瞭解隻字片語的意思。

「文學真是美呀！」櫻井修說。

「拿文學來做為觀光旅遊的景點，的確有創意。」今岡為之說。

「應當會有更多的觀光客前來這裡遊覽賞景吧！」渡邊雄三問道。

「這是新興的旅遊景點，這幾年來，前來華山喝咖啡、賞山景的遊客不少。」台灣年輕人不慌不忙的解說道。

文學的確可以成為旅遊的觀光景點，雲林縣古坑鄉的華山村，把咖啡和文學結合為充滿雅趣的觀光特質，吸引著無數遊客前來品風景。

是啊！一條在九二一大地震崩坍的華山溪，經過建築與環保工法整建，河堤兩岸矗立起十二塊文學碑的文學步道，已然成為華山咖啡之外的旅遊景點，沿途景色宜人，風景區的整潔與維護，以人工自然化的方式呈現，恰如其分的予人舒暢之感。

華山之旅讓遊客感染到文化的多樣面貌，文化特色可以深化觀光，觀光活動

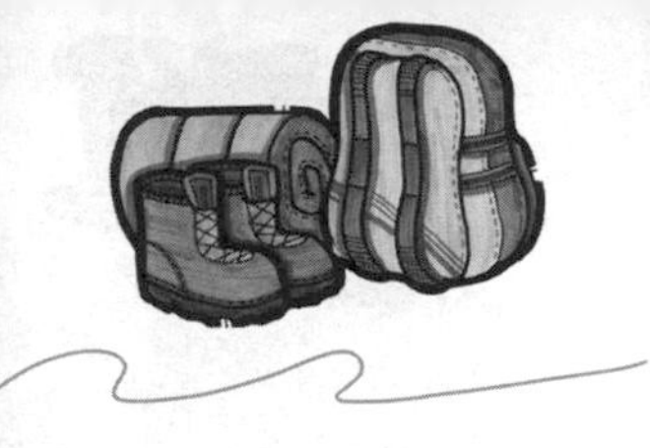

也可以活化文化，觀光活動如果缺少優質的文化特色，必將流於低俗，更遑論吸引力了，而文化若無觀光活動連結，生活在繁忙的都會區，願意參與文化活動者少之又少。因此，將文化活動與觀光活動連結，可產生觀光效益，如宜蘭縣為歌仔戲原鄉，融入國際元素，亦可吸引外國觀光客；如苗栗縣的假面藝術、台南縣的糖果節以及雲林縣的古坑咖啡節、華山詩人節等活動，多加宣傳，有力行銷，必定能夠招徠更多國內外遊客。

漁村樂活遊

第七站，年輕的旅人決定搭乘首都客運的專車，穿越著名的雪山隧道，走訪宜蘭縣蘇澳鎮的港邊社區。

據說，這個社區為了保持社區的清靜與零污染，外來的車輛不能開進社區內，而且，每天參訪的遊客不得超過二百個人。

這種現象，堪稱台灣第一好。

港邊社區位於蘭陽平原最南端，臨太平洋之濱，住民大都為平埔族與具有海洋特性的族群所組成，區內原為兩個村莊、三個小聚落，而今，嶺腳庄和港口庄都各自獨立成為社區，其中，嶺腳庄特殊的漁村風貌，受到遊客獨具慧眼的青睞。

港邊築夢漁人樂陶然，櫻井修、今岡為之、三島浩之、渡邊雄三來到港邊社

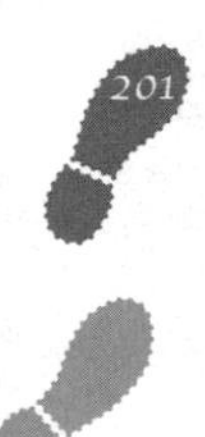

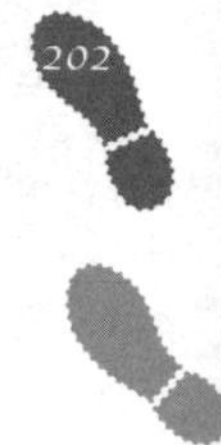

區，竟不期然的被海邊平靜的小村落吸引著。

四個異國他鄉的旅人來到海濱小村落，走過阿公ㄟ工寮、無尾港、岩砌石板屋、百年古井、社區湧泉區、漁人步道、賞鳥小屋、牽罟舞蹈劇、再生藝術坊、阿嬤ㄟ灶腳、生態願景館，以及木匠工坊等，海邊的鄉間藝術深刻的吸引著這四位年輕的異鄉客。

如同作家李啟端所說：

「港邊這個曾經以漁業為主的聚落，群聚著為理想築夢的有心人，他們不是只會捕魚，港邊漁人也有夢……。在漁業資源沒落萎縮後，他們為經濟轉型而齊心努力，造就了無尾港生態社區、推展再生藝術，也花費許多心力在有機食品的發展上，除了耕種有機蔬菜，他們甚至製造傳統柴燒麵包窯，想為觀光客烘焙以有機麵粉與天然酵母做成的麵食。」

發展觀光事業的過程中，村落需要的該是全村人的共同心吧！

作家李啟端又說道：

「這裡沒有廢物，沒有閒人，沒有所謂的退休或殘廢，年紀再大、手腳口齒再不靈光，只要有人召喚立刻會趕去幹活！如今在集體營造下，終於發展成最具地方文化特色的經濟活動；最豐富的濕地生態以及最富玩味的再生村！」

櫻井修等人被這個海邊漁村樂活的人們所感動，也為這個樂於追求環境零污染的村落所堅持的環保意識，敬服不已。

「這是發展觀光旅遊很難達成的任務呀！這裡的居民卻辦到了，他們真是不簡單。」三島浩之與渡邊雄三在離開這個偏遠的海邊漁村時，發出旅遊後的心聲。

極限運動結合濃郁茶香

第八站，這一群誓言要看盡台灣農村之美的旅人，花掉約五個小時的時間，從台北搭乘自強號火車到達台東縣鹿野鄉的永安社區，所有人對鹿野這個名字和這個地區特別感到興致濃厚。

鐵道沿線經過宜蘭、花蓮兩縣，途中僻村江煙，天風海濤，峻山藍水捲起一片開闊的如畫美景，看陽光掩映碧海青天，景趣滿前，引得兩位第一次到台東來的日本年輕人，心神愉悅起來。

是的，這是從繁華的都會通往石屋花軒、流水繞戶，坐沉山水仙境的曠野之路，應接不暇的自然景致，拈來水雲深處多少鳥雀啼痕。一時間，花東縱谷渾如花醉的秀麗青山，接踵於前。

根據在地導覽員廖中勳、吳玉萍的專業解說，永安村設立年代溯源自日治時期，也即一九一七年；而在一九四八年時正式改名為永安村，取名「永安」為村名，意味著冀望長居久安的用意。

永安村於五〇年代即開始推廣種植茶樹，茶園面積也緣於飲茶文化日漸風行

而日益擴大，茶農所得相對增加，新移民的生活逐漸穩定下來，使得永安村的人口不斷增加，村民眾志成城的在農委會水保局的協助建設下，全力維護休閒農業及觀光產業的發展，以養茶之情自養，則別開洞天；以調茶之性自調，則縱橫自在。

社區居民有一半以上從事與福鹿茶相關行業的永安村，不但充分發揮社區營造的團結力量，促使社區成為乾淨、自然、微笑、快樂的美麗天堂，更在多樣化的休閒農業中，發展出使遊客歡喜的飲茶文化與生態探尋，同時於二〇〇五年成立台東縣鹿野鄉第一支社區巡守隊，專司維護社區的安全與安寧。

以「福鹿茶」稱名於世的鹿野鄉永安村，其中著名的鹿野高台觀光茶園，位於永安村及龍田村之間，是台東縣境開發較早的茶農區，高台觀光茶園居高臨下，視野甚佳，近可玩賞山翠撲簾的綠色茶園風光，同時又可遠眺花東縱谷放膽奇山的煙霞雲霧，以及龍田河階上方生機蓬勃的農田景致；佳思紛至，雲可賞心。

名震遐邇的鹿野高空飛行傘、練習場，則位於永安社區高台觀光茶園一帶，每逢假日，常見形形色色的飛行傘翱翔天際，為綠油油的茶園農地增色生輝不少。

飛行傘與休閒茶園兩相結合，已然成為鹿野鄉最大的觀光特色；一望無際的原野，但見飛行傘如花似雲，千變萬化，一朵一朵的在天空漫漫翱翔。

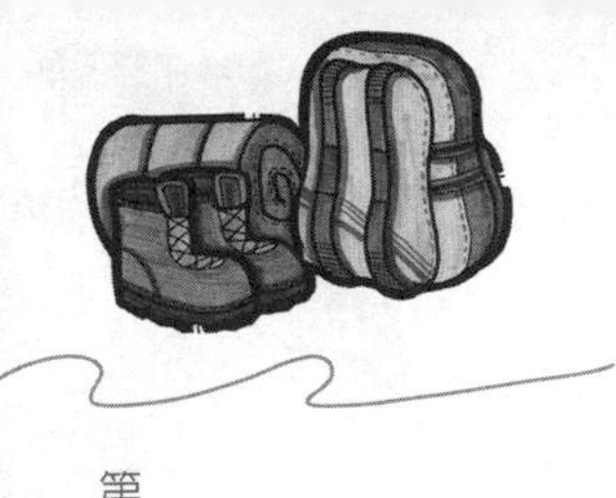

這一群台日年輕人到鹿野鄉永安村來，一潭明月釣無痕，走在恬靜的小小農村，走訪水土保持局輔導成功的茶園品茗喝咖啡，上高台體驗飛行傘，騎電動單車到田間閒逛，走進草弄民宿看它原始風味，到不遠處的紅葉溫泉泡湯。一路走來，忽聞狗吠雞鳴、蟬吟雀噪，又見一樹龍眼長不停，再見紅橙橙的蓮霧高掛樹梢，恍似踏入絕勝之境，看見三徑竹間，花影參差，櫻井修不禁大嘆：「這美麗的景色，撩人許多風情。」

曾有專家提出：觀光具有絕對的專業性，雖然有些民眾會認為觀光是屬於「風花雪月、吃喝玩樂」的層次，加上國內大學尚未成立觀光研究所博士班，使得觀光教育僅到碩士班層級，另與觀光有關的藝術、文化、戲曲、體育、環境保護等科系，在學期間欠缺觀光課程培育，外加高普考甚少舉辦觀光科系類科，使得政府部門在延攬觀光相關科系畢業的專業人才不易，這是學校觀光教育不足使然，因此，只得仰賴地方導覽解說員相助，共同為推動觀光旅遊盡力；然而導覽解說員的素質參差不齊，是否能深入瞭解觀光旅遊的文化特性，還得做經常性的教育訓練工作，以補觀光專業人才不足的現象。

為了全面而深入推動觀光旅遊的產能價值，觀光教育的提升乃當務之急。

好山好水好咖啡

第九站，櫻井修、今岡為之、三島浩之與渡邊雄三跟隨台灣友人從台東轉往

花蓮縣瑞穗鄉的舞鶴社區。

如同作家羅建怡所言：「舞鶴村位在花蓮瑞穗鄉，一片翠綠台地之上，因有縱谷好山好水潤澤，加上歷史悠久的茶文化，『茶鄉』之名遠播；近年，茶鄉再展新魅力，日治時期的咖啡重又飄香，茶與柚配搭的新味出爐，在在令人感動！」

羅建怡又說：「兩年前，我第一次喝到舞鶴咖啡，甘醇尚可，但內心充滿感動。這項被稱之為『神話特產』的咖啡，原來只有金鶴茶園保留少許日治時期留下的咖啡樹，頗有歷史價值；目前新樹已蔓延，在鐵皮屋下，坐在傳統的原木桌椅喝咖啡，很簡樸的台灣農村、很時尚的咖啡味，香氣飄渺間，周身盡是咖啡樹，紅果串串，很是美麗。」

擁有美麗名字的舞鶴社區，「過去稱為『掃叭頂』，台地前緣兩大塊佇立的石柱，現今花東縱谷國家風景區管理處成立為『石柱公園』，草原青青，巨石旁有景觀台及步道，由此向西可眺望紅葉溪及溪谷間遼闊的田野風光，周邊茶園還存留不少石器時代遺址，古今交錯的景致，讓人沉醉。」羅建怡說道。

北回歸線當北緯二十三度二十七分四秒五十一貫穿瑞穗鄉，正好畫過舞鶴台地。習慣生活在寒帶地區的櫻井修，對於鶴山茶園對面的一座巨型白色日晷儀造型的地標，興趣特別濃厚。

這一座地標公園，地域開闊、景色優美，比台灣其他兩座地標，取景更美。

四個日本人對於公園旁的一處鳳梨園感到興味盎然，不停地拿起相機攝下那一朵朵如豔陽般盛開的鳳梨花；同時在小店鋪買了些具有原住民特色的小飾物做紀念，商家把每一樣販售物品的價格都張貼清楚，不用主顧雙方為了價錢喊來喊去、殺來殺去的。

「日本的商品，不論物件大小，一律清楚標價。」櫻井修提出經驗說：「這是商業時代最好的經營方式。」

不過，台灣的許多知名觀光景點地區仍存在有做買賣生意的業者，未能顧及整體觀光業的形象，商品不標價、任意哄抬物價、任意調漲計程車車資、以不實語言誘騙觀光客購買價格顯示不相當的高價商品，又不願整修門面或是清潔商場四周環境，更甚者，服務人員服裝與一般遊客服裝無異，欠缺當地景點應有的文化特色；再者，觀光接待人員欠缺優質觀光服務語言，致使觀光客與服務人員僅止於商業交易，難以留下情感交流等。

凡此司空見慣的問題，使得部分國內、外觀光客留下不好的印象，更難吸引觀光客舊地重遊，這種現象絲毫未見改善，正是政府部門對觀光從業人員專業教育不足使然，相關單位必須勇於面對既存的事實，否則將徒留給觀光客難以抹滅的笑柄。

遺世獨立的寶地

第十站，這一群年輕的旅行者從瑞穗鄉轉進花蓮縣光復鄉的大馬太鞍社區。「狹長的花蓮縣，隔著中央山脈的屏障，相對台灣西部人來說，這裡是所謂的『後山』，曾幾何時，位處每年夏天颱風的登陸地點的花蓮，卻成了台灣最後的一塊『淨土』，是很多都市人嚮往的『桃花源』。在大量開發、建設的年代，因為地處『後山』因緣際會逃過了破壞浩劫的花蓮。得以保留了它最傲人的自然資源，成了今天最熱門的『旅遊、觀光、休憩』聖地。」著名的文學作家心岱如此形容道。

對許多外國人來說，台灣旅遊的著名景點，除了阿里山、日月潭，便只剩花蓮的太魯閣了。這種粗略的印象，對台灣推展觀光而言，自然是一大要命的阻礙；年來，在推動農業產業多元化的政策下，台灣許多農村的建設已然達到成為觀光旅遊重地的目標，北部橫貫公路沿線的景致、中部橫貫公路沿線的景致、南部橫貫公路沿線的景致，在在凸顯台灣在觀光旅遊的建設上所做的努力，以及所展現的旅遊盛景的特色。

花蓮縣光復鄉大馬太鞍社區，便是花蓮縱谷平原上一塊美麗的山色景致。

走訪大馬太鞍傲人的自然資源、濕地生態館、濕地水景、欣綠農園石頭屋、阿美族傳統捕魚法、大富蝴蝶生態園區、光復蔗工傳統的客家社區、關懷復育中的苦花國寶魚，以及向耕魚場美麗的自然生態，無不令人對大馬太鞍社區的自然美景讚嘆連連。

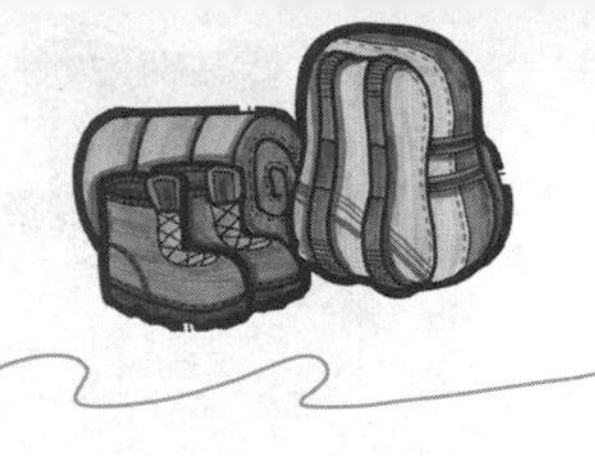

自然之美，果然深藏著使人難以理解的神奇祕境，就如作家心岱所說：

「『大馬太鞍地區』的範疇包括馬太鞍濕地，以及鄰近大豐村、大富村等地，在這縱谷平原上，原本默默無聞的光復鄉，曾經只是火車走過的一個靠站，如今，卻是魅力十足的生態旅遊最佳景點。這裡有馬太鞍溼地生態園區、蔗工的厝、蝴蝶保育、高山　魚復育、馬太鞍文史，以及與溼地共生的欣綠農園……來到這裡，彷彿走進了『後山的寶藏』，領略大自然的奇蹟與再生復活的美麗故事。」

來自日本的櫻井修等人，在大馬太鞍看見大豐村和大富村的美麗紀事。翠綠的湖光山色在大馬太鞍地區，在南部橫貫公路沿線，在玉山山脈沿線，在台灣許許多多的角落；台灣之美，台灣適合旅遊觀光的景點，何止萬千。

到台灣旅行的櫻井修、今岡為之、三島浩之與渡邊雄三，從農村鄉間的生態建設中看見台灣新興旅遊景點的新風貌，同時，也見識到台灣創造出本土意識的旅遊新概念。

從農村出發，環遊台灣，這四位日本年輕大學生對台灣的印象，已然因深入鄉間而植入不可抹滅的深沉好感，這種難以卻除的記憶，為台灣的觀光旅遊新氣象，帶來寶貴而又正面的意義。

發現台灣之美，看見台灣之美，四位來台觀光旅遊的日本年輕大學生用心感受到，也體會到，那麼，本國人是不是更能從中見識到自己的故鄉之美呢？並且也能意識到觀光旅遊必須具備有觀光客應有的旅遊素質呢？

旅行札記

「台灣魅力農村」的建設，固然以著重水土保持與生態保育為主軸，兼及以促進地方旅遊業蓬勃發展為目標，然而在發展過程中，仍不免顯露部分缺失。

1. 經典農漁村社區的外圍交通混亂，常給旅客留下壞印象。
2. 遊客下意識中仍把經典農漁村社區當成鄉下看待，菸蒂、果皮、檳榔渣、塑膠袋任意擲棄，破壞社區環境整潔，彰顯遊客公共道德的教育素質宜待加強改進。
3. 遊客攜帶的寵物隨意大小便，破壞觀光區的衛生與環境清潔，亟待觀光區管理單位和遊客多加留意。
4. 利用節慶活動大吃大喝，已然構成文化活動的大忌，實在不值得鼓勵。
5. 遊客缺乏愛護大自然、保育觀光資源與愛鄉愛土地的觀念，凸顯觀光素質的教育不足。
6. 在生態保留區內隨意丟棄垃圾、任意捕捉水生物、採摘園區花草植物，都不予鼓勵。
7. 部分農漁村社區的導覽人員，因缺乏專業教育，致使導覽工作推動不力，觀光效果不彰。
8. 觀光遊覽區內的小商店或紀念品專賣店擺設的物品，沒能清楚標價，或

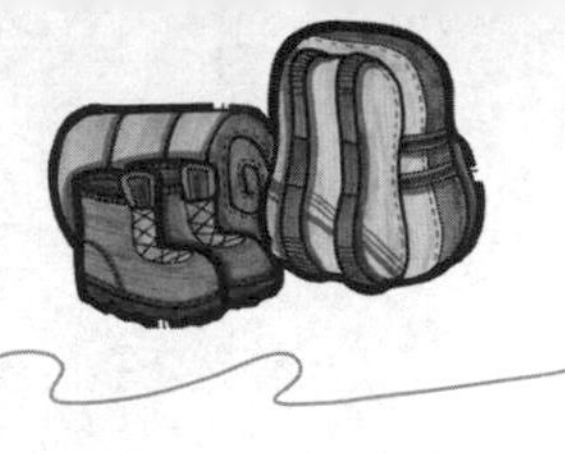

任意哄抬物價、任意調漲車資，造成顧客和店員相互討價、喊價、殺價的景況，破壞觀光形象之餘，也給國外觀光客徒留難以抹滅的笑柄。

9. 觀光遊覽區內的服務人員，欠缺優質觀光服務語言，服裝儀容欠缺景點區應有的文化特色，難使觀光客留下回想再前來遊玩的興致。

10. 觀光區內的餐飲店衛生習慣不佳，餐廳髒亂、蠅蟲四起、喊叫聲刺耳，給人恍如置身在難民營用餐一般的惡感。

第三篇

來場台灣深度之旅

第八章　尋找台灣觀光旅遊新特色

既然台灣好好玩，既有獨特的山水景致與獨特的人文風貌，還擁有悠久的旅遊發展歷史，卻又為甚麼來台觀光旅遊的外國人次會逐年降低呢？

是台灣的山水風景變色？還是相關主管觀光業務的單位，對於行銷台灣的觀光旅遊效果不彰呢？

總是有一定程度的現象或環節出現問題，如何搜尋問題的癥結？並針對問題「對症下藥」，尋求改善之道，才能適切的處理台灣當前觀光旅遊所面臨的實質現況，讓這個可以使更多外國觀光客來台旅遊的經濟契機，展現多樣面貌。

根據監察院的調查報告顯示，「國際觀光資源基礎調查」與「國際老觀光客」行銷不足是原因之一，報告中說：「欲使國際觀光客倍增，首要針對目標市場瞭解外國觀光客的意見，掌控觀光客喜好，統整吸引與招攬外國旅客的條件，透過國際觀光客對我國觀光點的意見，改善缺失，延續優點，方能吸引更多國際觀光客來台旅遊。」

另外，交通部觀光局曾於二〇〇三年十一月委託中華民國永續發展學會完成一份「台灣地區觀光產業綜合發展計畫的研究」，這一份報告指出：「台灣擁有許多閩南、客家、原住民及日本殖民時期的歷史文化遺產（古建築及寺廟），可

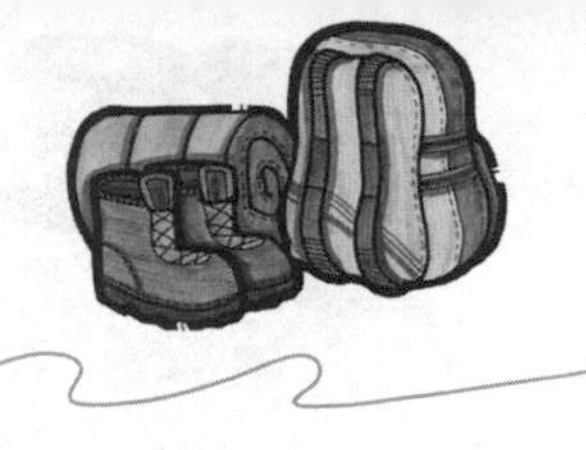

做為觀光產業發展的資源基礎，足以提供豐富的知性古蹟巡禮」，又提到：「一般公部門多願意把經費投資於硬體建設上，而忽視了觀光產業發展的觀光資源基礎調查的重要性……台灣許多觀光資源並未被充分運用或適當行銷，以至於缺乏獨特的旅遊意象」，顯見落實觀光資源基礎調查有助於觀光產業發展。

對於曾經來台觀光的外國旅客，如果能夠適時適宜的行銷台灣之美，必然可以使「老顧客」舊地重遊，甚至把他曾經在台旅遊的愉快經驗、甜美回憶、難忘情感，介紹分享至親好友，以達到「吸引新顧客」的功效，透過顧客的口碑宣傳，其效力強大，可以這樣說，老顧客是觀光旅遊最有效的行銷利器之一，旅行業者的「千言萬語」似乎抵不過親友們的「三言兩語」，這是一般行銷人員廣為知悉的行銷技巧。

然而，台灣的觀光產業單位，對於「國際觀光資源基礎調查」與對「外籍老顧客」的行銷仍嫌不足，尚有努力改進的空間。

尤其對觀光客的禮節，民眾做得不夠理想，調查委員趙榮耀在接受本書作者訪問時，即舉韓國濟州島為例說：「濟州島的學童對於觀光客很有禮貌，行禮如儀、臉帶微笑，讓觀光客心喜不已。」

禮節，是發展觀光旅遊品質最被忽略的倫理課題；民眾禮節做得好，即可能讓觀光客留下深刻的印象。

交通部觀光局委託中華民國永續發展學會完成的「台灣地區觀光產業綜合發

展計畫之研究」中還指出：「台灣的觀光事業發展應該首先全力整建國內觀光旅遊設施，提升旅遊服務品質，鞏固國民旅遊市場，進而提高台灣國際市場競爭力。否則台灣不僅無法阻止本國人離開台灣，前往他國觀光旅遊，更無法吸引外國觀光旅客前來台灣或停留。長此以往，國內旅遊市場終將被國外旅遊據點所取代而逐漸消失，故鞏固國內旅遊市場是提升國際競爭力最大保障。」

顯見鞏固國民旅遊市場的重要，是推展觀光旅遊不容輕忽的目標。

尋找台灣觀光旅遊的形象與特色

台灣有許多以「歷史文化」為特色主題的諸多無形文化遺產可做為觀光資源，諸如：台灣漁民信仰、桃園埤塘、大甲媽祖回娘家繞境活動、屏東九如王爺奶奶回娘家活動、原住民神話傳說、原住民信仰、平埔族聖石聖樹信仰、台南代天府「送瘟王」、基隆「慶讚中元」、客家地區「扛擔奉飯」、台灣抗日遺跡等，都具有其歷史與文化的特色與觀光潛力。

南台科技大學休閒系部分師生曾在一份有關觀光產業的問卷中指出：「原住民觀光是明天亮麗的產業。」因此，結合閩南文化、客家文化、原住民文化、眷村文化、日本殖民時期文化、歷史古蹟、宗教寺廟、節慶活動等，成為發展台灣觀光的資源，營造文化創意觀光產業，必定有助於吸引觀光人次。

除了以歷史文化做主題的觀光資源為特色，以自然生態、美食餐飲、溫泉、

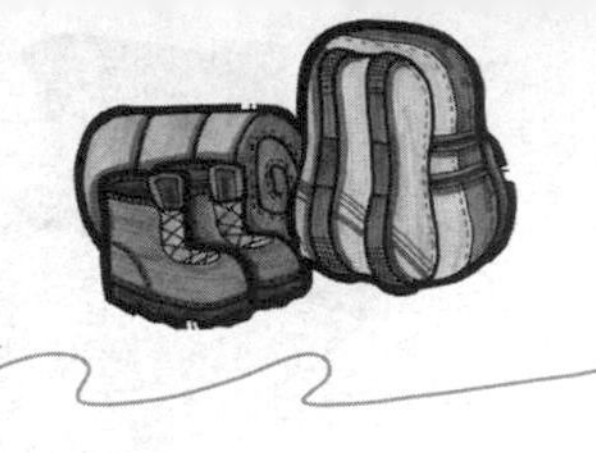

遊樂區或休閒農場為主題的觀光資源，都足以成就台灣觀光旅遊的特色。

觀光局長賴瑟珍曾在觀光局的網頁中表示，在經濟快速發展的時期，傳統產業經常被忽略甚至完全捨棄。台灣的產業藍圖在過去五十年間，歷經戲劇性的改變後，相較於傳統、低科技的農村景致，現代化、高科技的城市風貌，如今在全球已廣為人知。然而近年來，地方政府與民間私人企業的大力推動，以及國內旅遊蓬勃發展，這樣的走向開始有了一百八十度的轉變。

對城市居民來說，「旅遊農業」有著極大的吸引力，他們願意花費寶貴的時間來親近大自然，享受乾淨、清新、寧靜雅致的環境。

休閒農場提供一系列體驗鄉村生活的活動，如水果採集及手工藝教學，這些活動與民宿一樣，對造訪鄉間的旅客而言都是全新選擇。國外旅客乘坐卡車一路顛簸在台灣核心地區探索，就是為了體驗完全不一樣的台灣。

現在正有無數的冒險旅程正等待著遊客去發掘：認識香蕉、鳳梨、芒果及番石榴等熱帶水果如何成長？如何結成果實？學習傳統農家生活，親眼目睹古老廟宇儀式；或者，只是走入青翠碧綠的稻田中，享受鄉間生活的緩慢步調，也是一種悠閒的旅遊方式。

儘管與悠閒的農村生活有所差距，參觀台灣綿延海岸線中繁忙的漁村，也是領會當地居民生活方式的途徑。漁村居民的生活總是看來匆忙不歇，捕來的魚類及海鮮必須在當天送達消費者以保持絕對的新鮮。

提及海鮮，如果遊客喜愛享受魚、龍蝦、蝦、烏賊和其他深海美味，台灣海產店絕對不會令人失望，絕對讓人食指大動。正因為台灣豐富的海洋資源，出產種類多且數量龐大的各式海鮮，所以很難找到比剛從漁船上卸下更新鮮的海產了。

賴瑟珍局長所謂的尋找台灣觀光旅遊新特色的觀光策略，就是下鄉，就是到山林農村或海岸漁村去發現台灣的真實面貌。

如果下鄉到台灣各縣市去旅行，一樣可以感受到各地區不一樣的旅行風貌，相對於山林鄉間的旅行，台灣在發展觀光過程中，各縣市政府大都以地方上的風俗民情與特色，做為行銷主軸，例如新竹市長林政則便以「合融歷史文化與海洋文化的觀光年代」做為他推動新竹市觀光的主要論點；他在接受本書作者訪問時表示，時代環境演進與產業循環腳步加快，同以科技、文化兩大主軸為發展的新竹市，如何躋身成為一流城市的考驗？經過多方請益都發、建築、文化與地政等領域專家，才發現唯有勾勒國際化、科技化、生活化等三大前瞻遠景，然後自民生建設基礎出發，進而提升市民生活尊嚴、增進環境機能，整個新竹市的前進願景，才可能得以展現優質內涵。

這些年來，經濟力圖復甦景氣之際，新竹市府大力投入改善投資環境，增加就業機會，持續強化服務竹科廠商經營，以及員工進出的周邊建設與公務作業；而在醫療資源提升方面，促成兩家教學醫院進駐竹塹，以改觀長期遭人詬病的就

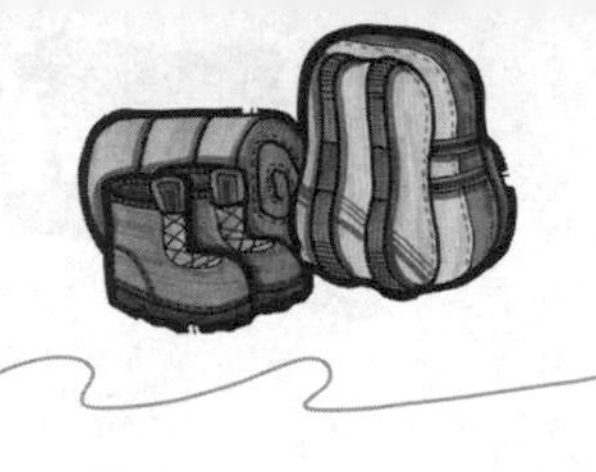

醫環境，同時聯繫各大型百貨公司、購物中心，擴大就業市場，減緩失業衝擊。

至於文化部分，以學術性遠見與前瞻觀點洞識文化的歷史使命與責任，同時開創多元文化的共生性與對等性的合融共處，文化薪傳、藝術饗宴以及開承文化與歷史之間的高貴性，都是認識與傳繼竹塹地方文化的主要目標。

其中，規劃新竹市西岸十七公里生態休閒海岸觀光帶，永續發展新竹休閒海岸成藍色公路，使之成就新竹市為「城市國際化」的高生活環境，並強化「科技新竹」的文化特性。

台灣觀光旅遊形象的心六倫

既然新竹科學園區早已受到各方矚目，對於這座使台灣人感到驕傲的園區，是否能經由行銷而成為台灣另類國際性的觀光旅遊景點呢？

監察院調查委員李伸一接受作者訪問時即表示：「善用台灣科技發達的特色，讓這項台灣產業中最值得對外宣揚的成就，以觀光景點的面貌呈現出來。」

「在科學園區內蓋一棟『科技博物館』甚至是『科技遊樂園』，展示台灣各類電子科技研發的過程和成果，促使國外遊客參觀台灣科技發展的原貌，也是特色的呈現。」李伸一委員說：「這項展示可以讓外國遊客感受到台灣土地幅員雖小，卻能發展出如此傲人的科技。」

不獨只是「科技博物館」的設立，可以在創意極佳的領域上，達到創造新景

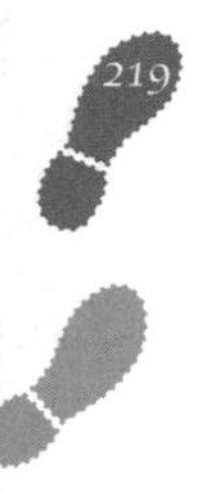

點，協助觀光旅遊發展；同時，透過這種理念，一樣能發展更多可供參觀的各式博物館。

日本是個博物館特別多的國家，除了制式的美術博物館、歷史博物館之外，拉麵博物館、馬桶博物館、刀劍博物館、浮世繪博物館、鐵道博物館、野球體育博物館、麻將博物館、印刷博物館、口琴博物館、廣播博物館、電車博物館、漫畫博物館、宮崎駿博物館等，無一不充滿著人文色彩，又兼具觀光價值的博物館，全年吸引無以計數的遊客前往參觀。

反觀台灣，除卻美術博物館、歷史博物館、農業博物館、交通博物館、原民博物館、郵政博物館等屬於文化層面濃厚的展覽館之外，木屐博物館、風箏博物館、紙博物館、木偶博物館、醬油博物館等民間設立的博物館由於宣傳不夠，大都不為外人知曉。

如果台灣也能學習匈牙利的辣椒博物館那樣，設立足以表現台灣特色的仙草博物館、豆腐博物館、豆瓣醬博物館、棒球博物館、豆芽菜博物館等，不也能成為觀光旅遊的一大特點嗎？

李仲一委員在接受本書作者訪談時，還提及「如果要建立一個有形象的新台灣，必須推動心六倫。」李委員特別強調心六倫可以協助造就台灣觀光旅遊事業的新面貌，他說：「家庭倫理，即是父母教養孩子成為有教養的人；自然倫理，教人類愛護大自然；生活倫理，要能體恤人與人相處的禮儀；族群倫理，接受不

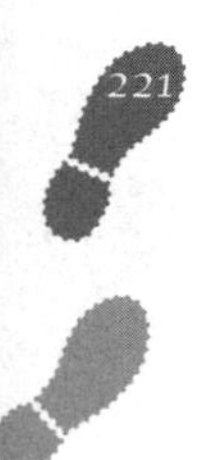

同族群的存在意義；職場倫理，製造優質產品不接受黑心商品；校園倫理，從國小起即培育訓練外語能力。」

「日本預計二〇一〇年要達到訪日外國遊客一千萬人的目標，為甚麼台灣的觀光客倍增計畫卻遲遲無法達成呢？」李委員說：「把台灣人的熱情表現出來，把台灣人的人情味顯現出來，著眼職場倫理去做，建立優質又富吸引力的觀光景點，使接待人員能在服務準則裡善盡職責，台灣的觀光旅遊成效，必定會有所改善。」

「新加坡和香港的觀光旅遊做得好，那是政府與民間共同努力經營所得到的成果。這一點，台灣更需要加油！」李伸一委員說。

第九章 追求人文旅行藝術美感

尋找台灣觀光旅遊新特色的同時，對於當前台灣發展觀光旅遊所面臨的諸多實質問題，不論風景區、歷史文化區、休閒農村區；也不論交通、景觀、攤販、衛生等，遊客最為在乎的基本旅遊要素，都不容被忽視。

多年後，或者更多年後，這些問題是否真能落實改善完成，並且真正做到？觀光景點經過改善後，衛生常保整潔、交通常保順暢、觀光景點區不胡亂哄抬物價，以及服務人員以笑容面對來客，都是競爭持續力的常態課題，這些現象都必須仰仗相關政府單位和民間團體的共識結合，才能確實收到台灣寶島是個觀光旅遊好去處的優質名聲。

但是，這些基本旅遊的要素，一樣成為不少觀光景點區積習難改的毛病，使人大嘆擠、髒和亂才是台灣觀光景點區最大的特色。

由是，執行觀光旅遊業務的相關單位，必須深刻瞭解，觀光旅遊的休閒理念固然重要，但對於推動觀光優質的環境，以及維護觀光區的整潔面貌、還原觀光區特有的自然原始風貌，是維護觀光景點常保特色，極重要的工作。

尤其在全球冷戰時期，世界各國基於防範外力侵擾，多以國防與工業投資為主，台灣處在這種局勢下，也以工業、科技發展為優先，觀光市場發展相形不

足，諸多阻礙觀光發展的因素也長期存在，國人出國旅遊人次遠大於外國觀光客來台觀光人次，成為不爭的事實。

「要創造新的觀光經濟奇蹟，則需要全民有好的觀光品質的共識。」調查委員趙榮耀接受訪問時，舉例表示，他說，機場是給外賓初見面的第一印象，台灣或許無法做到像峇里島那種為觀光客獻上雞蛋花串成的花環，以表示歡迎貴客到訪之意，至少，也要花腦筋動創意把台灣的特色表現出來才行。

中央社曾經報導：「國內旅遊品質，上班族只給六十分」，顯見目前尚存在有不利於觀光發展的因素，這些因素雖然大都著眼在旅遊的素質上面，但這些被認為細微末節的小事，卻又是發展觀光極為重要的地方；也就是說，觀光旅遊的業務，不是只重建設景點、發現景點，而是要創造一個美觀、藝術美感、舒適、乾淨又具有特色的旅遊環境，才是觀光旅遊的要務。

「如果只是景觀美而整體性的設施卻不夠完善，這是政府的規劃有問題，為了創造具有藝術美感的觀光旅遊環境，政府必須重視觀光旅行的人文藝術價值。」趙榮耀委員說。

觀光品質低落　降低消費意願

台灣觀光景點的物價偏高，部分觀光地區，商品未標價，遊客對於購買未標價商品的消費，多出於無奈，政府又缺乏輔導業者以合理價格吸引觀光客的機

制，使得部分遊客寧可自備食物旅遊，也不願在當地消費，對觀光地區的餐飲業者甚為不利。

違規取締或輔導不力

台灣許多觀光景點，普遍存在違章建築、雜亂無章的廣告招牌、私接溫泉、任意丟棄餐飲垃圾與哄抬物價、流動攤販四處流竄違規營業、私設收費停車場、車輛違規停車、遊民聚集行乞等情事，然相關主管機關卻取締或輔導不力，嚴重者束手無策或是視而不見，任隨這種惡質現象長期存在。

有部分旅行業者，為求降低成本，未僱用領有合格證照的觀光導遊及領隊人員，萬一旅遊出問題，誰負責？另外，更有部分旅遊業者未替旅客投保「旅行業綜合責任保險」、靠行遊覽車又無法獲得車行監督，以致降低了觀光旅遊服務品質與安全保障，傷及遊客人身安全，更損及國家形象，主管機關執法不力，管理未徹底，有待改進。

關於導遊或領隊的專業教育，趙榮耀委員強調：「觀光導遊與領隊宜加強文化專業訓練，對宣揚台灣的文化才有助益。」這點十分重要，因為國外旅客最先接觸的人就是觀光導遊和領隊，他們等於代表國家的門面，專業與品德當然重要。

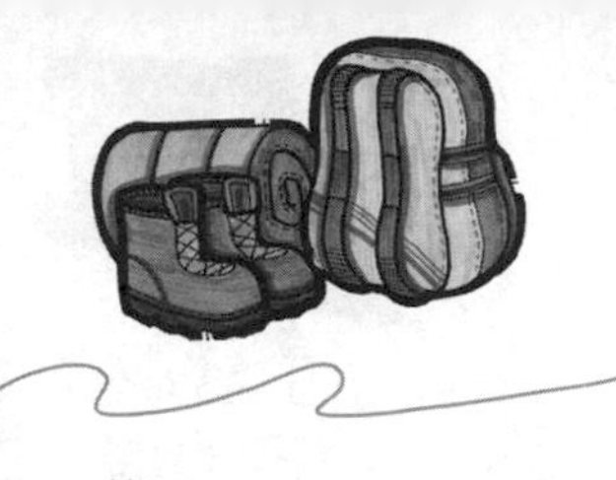

觀光安全管理亟待加強

觀光旅遊建築物欠缺「公共安全管理標章」，認證制度不明，是安全管理亟待加強的問題之一；其次，國內渡輪欠缺開船前後強制人數清點以防超載規定的現象層出不窮，使人詬病不已；未強制遊覽車駕駛員在行車前酒測，以及預防疲勞駕駛機制，常使遊客心知肚明卻禁聲不言；未強制交通工具於車站或交通工具內播放緊急逃生錄影帶，疏忽對遊客旅遊的安全教育功能；未全面設置平交道異物偵測系統，以防意外發生；通往觀光地區的危險路段未全數完成改善，或未標示路況等，這些觀光安全管理的要務，有賴主管機關與觀光業者通力合作，消除不安全因素，方能使國、內外旅客安心、放心從事觀光旅遊活動。

觀光地區衛生管理有待加強

日本東京都前知事石原慎太郎來台期間，曾針對台灣的觀光問題，提出他的看法，他說：「台灣的溫泉天然景致及食物，都比較符合日本人的喜好，設備較好，飲食也較乾淨，中國大陸雖然也有很多風景名勝，但許多設備都不安全，飲食也較不衛生。」惟觀光餐飲衛生問題仍不時發生，此外，部分觀光餐飲業者端菜時，未用托盤，直接用手端菜，沾滿污垢的指甲直接與飯菜接觸，實在不衛生，遊客敢怒不敢言，凸顯觀光地區的餐飲衛生問題，值得重視。

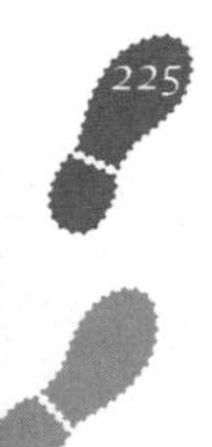

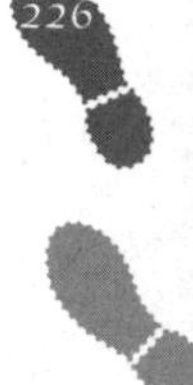

觀光資源保育不足

台灣有諸多特有的觀光資源，若善加保育，再與「觀光與環保雙贏」的配套措施並行，對於促進「觀光客倍增」目標的實現，甚有助益。然事實證明，部分觀光資源已經面臨消失危機，以國寶魚—台灣櫻花鉤吻鮭的保育為例，歷經二○○四年的七二水災、同年八月艾莉颱風來襲，國寶魚的存活量已岌岌可危，後來雖經雪霸國家公園的「復育中心」復育有成，但相關單位仍需持續加強管理與維護，以期維繫生態資源的永續保育。

再如，桃園地區的埤塘，融合生態、水利及歷史人文價值，本應加強其保存與永續利用工作，以免影響桃園地區觀光發展與水資源緊急調配，也亟待相關單位協力保存與保育。

運動、文化藝術缺乏有效結合機制

台灣舉辦的各項運動會，長期以來多以競賽項目為主，未能提供傳統藝術、表演藝術、音樂、美術、雕刻等表演機會，對於體育運動的相關歷史進程、文物、影像、先人資產、重要文獻等也缺乏系統蒐整、維護與保存，致無法統整運動、藝術、文化，進行系列展示活動，以做為發展運動觀光的標的。

目前國人對運動的需求已隨休閒時間增加、國民所得提高、健康促進觀念的興起及國人生活品質提升而增加，加以台灣各縣市均具有不同的文化風俗習慣及

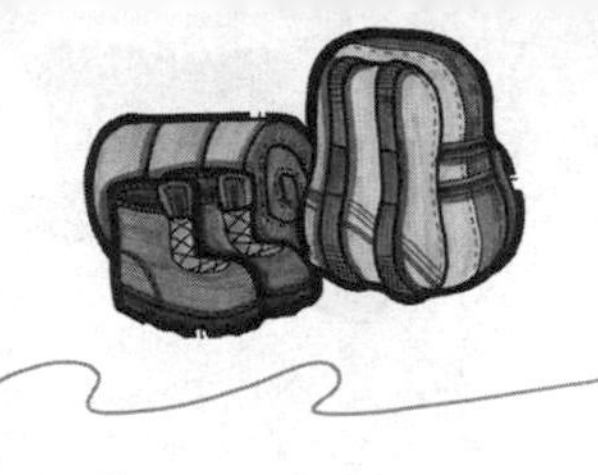

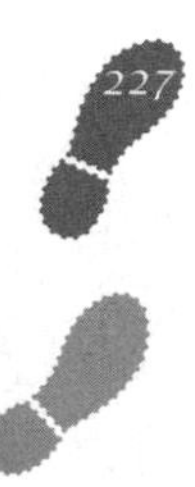

地理環境特色，宜由相關主管機關共同策劃推動大型活動及體育競賽，以吸引外國旅客來台觀光。

學者專家曾提出專業意見強調：「以運動為主軸的活動最能吸引觀光客，例如日月潭的萬人泳渡，已被世界公認，因此政府還是要多注重『運動觀光』及『冒險觀光』，因為觀光旅遊是多元的，不要僅著重在文化層面。此外，文化結合體育也是一個好點子，例如瑞士洛桑的奧林匹克博物館，台灣也可成立體育博物館，像棒球也是文化的一部分，惟很少高層去注重到這一點。」

過去，不少政府機關或地方政府曾辦理許多運動競賽，如：國軍體能戰技運動會、台電運動會、中央機關運動會、高雄縣第一屆環保運動會、原住民運動會、高屏六堆民俗運動會、中等學校運動會等，如能結合其他互補觀光資源，如自然觀光資源、文化藝術表演、民間大型節慶活動，可使「運動觀光」更具特色，成為吸引國、內外觀光客的標竿，惟目前運動、文化藝術、地方特色與觀光活動尚缺乏有效結合機制，致使觀光特色彰顯不易，宜檢討改進。

套裝旅行整合與運用

交通部觀光局的「觀光客倍增計畫」提出五條既有套裝旅遊路線，也提出六條新興旅遊路線，然高速鐵路通車後，全台成為一日生活圈，屆時國人觀光將與返鄉行程整併，此等旅遊路線也宜予配合彈性調整，發展套裝旅遊，以吸引適量

觀光人口，實為觀光旅遊的一大效能。

套裝旅遊路線宜順應當前交通環境，並以「套裝旅遊路線」為主，連結「節慶觀光」、「會議展覽觀光」及「順線景點」為整體的行銷，發揮觀光資源效益。

「相關政府單位要有遠大的視野，以帶狀的模式，從點到面的推展，觀光旅遊才可能見到更好成效。」趙榮耀委員說。

觀光局的「觀光客倍增計畫」規劃出十一條旅遊路線，惟遊客不可能完全按照規劃的路線旅遊，通常係以官方規劃旅遊路線為主，配合旅遊路線的「順線」情形，順路前往相關「順線景點」。因此，如何使「套裝旅遊路線」及「順線景點」合併宣導，使觀光產值獲得最大效益，有待交通部觀光局尋覓良策辦理。

觀光旅遊文化的成長

另外，針對觀光局所執行的觀光業務推展，如：景觀維護、景觀資源、自然景觀、人文景觀、景觀改善、景觀評鑑、景觀法立法等關係著台灣觀光發展的業務，都是不容被輕視，改善觀光品質的重要問題。

曾任台灣省政府建設廳廳長的監察院調查委員林將財，特別重視觀光品質對於經濟與文化的成長與發展，他在接受作者訪問時說：「觀光對於台灣經濟產業發展的影響甚鉅，因此不容忽視相關於觀光旅遊文化發展過程中的各項建設。」

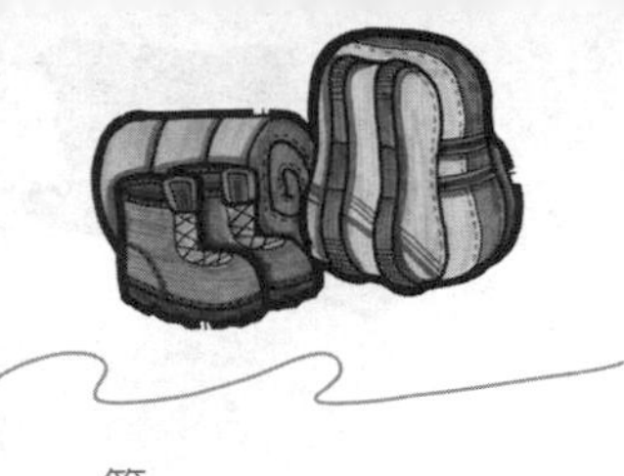

曾在淡江大學任教建築系的林將財委員，對於景觀之美格外重視，他曾到苗栗縣三灣鄉山灣咖啡民宿及南庄鄉紅磚屋視察，對屋主提供優美住居環境、待客以誠的經營理念均留下了深刻印象，他同時也點出了「品質」與「特色」這兩項經營民宿的必備條件，是值得旅遊業參考的重要依據。

觀光建設要素中，一些既不安全又缺乏美感的街景，如商店招牌、鐵窗，以及遊客隨意亂丟垃圾、風景區的餐廳飯店強拉客人等，都足以阻礙台灣觀光旅遊業永續發展。

林將財委員在接受本書作者訪談時，特別提到維護管理對觀光發展的影響。至於觀光整建的重大工程，如：國際合作、觀光安全科技研發、台灣地區道路邊坡崩塌防治工法最佳化研究、道路邊坡監測系統自動化研究、觀光遊憩的開發與管理情形、推動觀光遊憩區的規劃建設、台灣地區觀光遊憩系統的規劃、觀光遊憩地區公共設施的開發計畫、鼓勵民間投資興建觀光遊憩重大設施、觀光遊憩區的經營管理、督導觀光遊憩區經營管理、加強遊客教育宣導等觀光基礎工作的推展，都是刻不容緩的業務，正視問題所在、勇於面對、迅速解決，台灣觀光旅遊輝煌的發展成效必定指日可待。

林將財委員說：「提高觀光品質，對於台灣的經濟與文化發展助益莫大。」

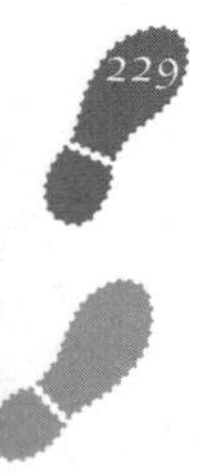

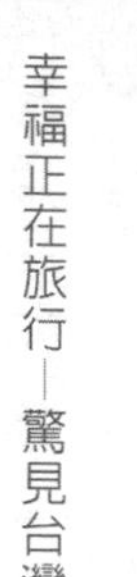

第十章　發展台灣水域與生態觀光旅遊

台灣四面環海，位處中國大陸、港澳、東南亞及韓日等地的中心點，地理位置優越，旅程便捷。島內山脈雄壯、景觀秀麗，動植物種豐富，天然觀光資源相當豐富。加上政治民主、社會開放、民眾具有好客傳統、人情味濃郁，又是美食小吃的天堂，為甚麼觀光客竟遠不如鄰近的新加坡、香港、澳門這些彈丸之地呢？

台灣位處於亞熱帶島嶼區，四面環海，溪流湖泊以及水庫眾多，如此豐厚的水域資源絲毫不遜於世界其他國家的海洋資源，海岸景觀秀麗，數百年來，海洋漁業與海洋運輸一直為台灣命脈維持的產業。

伴隨著經濟繁榮與科技發展，國民對於休憩及親海的意識提升，使運動產業及海洋觀光遊憩成為海洋產業中的新興產業。換言之，台灣具有充足的條件發展水域產業。

然而，在台灣邁向國際化，積極躋身世界先進國家之林的過程中，我們可以發現，歐美日等先進國家政府對於水域運動的推動比台灣政府重視與積極，其民眾從事溯溪、划船、潛水、浮潛、衝浪、帆船、風浪板、泛舟、水上摩托車、快艇、沙灘排球、塑沙、拖曳傘等各類水域運動者均較台灣民眾普遍。

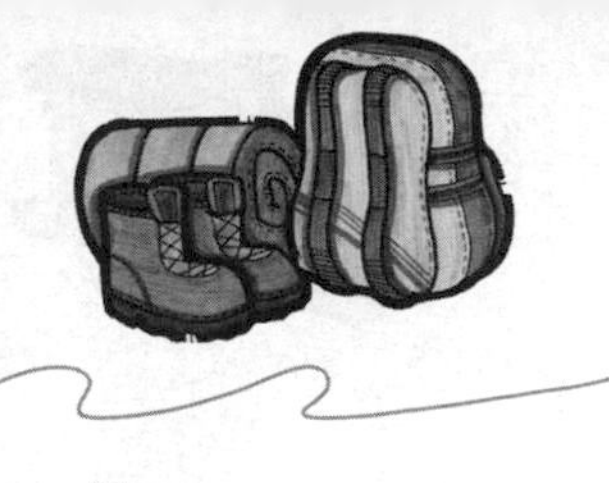

生態旅遊的迷思與見解

除了發展水域運動與觀光之外，近年來，生態旅遊也成為台灣發展觀光的重要指標。

不論水域旅遊或生態旅遊，都可以藉由對於大自然的認知，看見台灣之美，發現台灣之美；其中，關於以深層生態旅遊轉變遊憩行為所衍生的生態旅遊的永續經營策略，國立東華大學運動與休閒學系教授原友蘭即以發表於網路〈生態旅遊的永續經營策略：以深層生態旅遊轉變遊憩行為〉一文提出她對生態旅遊的迷思與見解，她說：

近年來政府與策略體制的變革，休閒意識的覺醒，使得民眾對戶外遊憩需求與日俱增，加上經濟發展後伴隨而來的都市化，尋求一個暫時逃離擁擠的都市、單調的工作、乏味的日常生活的渴望，驅使大量的遊客湧入國家公園，國家公園也因此面臨如何滿足遊憩需求，而又不會對生態環境與地方文化造成負面影響的兩難。為瞭解決這個難題，「生態旅遊」的概念於八十年代初期被引入國家公園的經營管理策略之中。生態旅遊是眾多遊憩活動的一種，以永續發展為本的「考量生態平衡的觀光模式」，長久以來被識為是一個兼顧保育自然環境，與促進經濟發展的一種互利共生型態的發展策略。

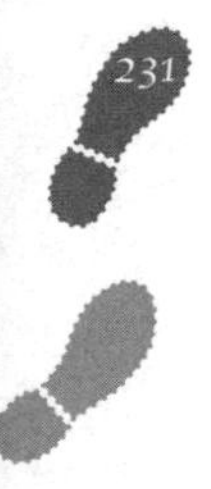

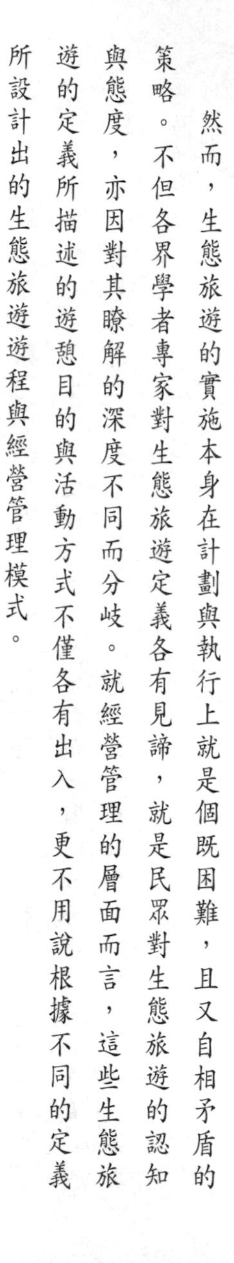

然而，生態旅遊的實施本身在計劃與執行上就是個既困難，且又自相矛盾的策略。不但各界學者專家對生態旅遊定義各有見諦，就是民眾對生態旅遊的認知與態度，亦因對其瞭解的深度不同而分歧。就經營管理的層面而言，這些生態旅遊的定義所描述的遊憩目的與活動方式不僅各有出入，更不用說根據不同的定義所設計出的生態旅遊遊程與經營管理模式。

這種基本出發點的不同，當然以其為指導核心的活動所強調的重點也就不同。就遊憩活動的層面而言，這些打著「生態保育」旗號的遊憩活動，雖然提供遊客們親自體驗自然及實地學習的機會，但這些遊憩活動的遊程短暫，其絕大多數僅提供粗淺或片段的生態知識。

參與這種短期且生態知識層面淺薄的遊憩活動，對遊客遊憩行為的影響效果有限，而因缺乏環保知識所產生的不負責任的遊憩行為，慢慢的侵蝕著自然生態或社會文化，所暴露出來的後果，讓人們瞭解到這個本以「無煙囪工業」為號召的遊憩方式，也會帶來如同工業發展一樣的負面影響。

所以，僅只提供體驗自然的機會，並不保證遊客們在一個短暫的旅程中能培養出對環境的責任感與健全的環境觀，為了增進在生態旅遊中知識深度的加深與遊憩行為改變的瞭解，本文章提出一個「成長型思索遊憩模式」（Concern-based leisure behavior model）。此模式建議國家公園應配合生態的敏感度，提供不同深度的生態旅遊遊程，這些遊程的設計強調生態旅遊遊程的設計與規劃當以持續學習為中心。

遊程的設計從三方面著手：生態知識的學習、自然環境的體驗、保育經驗的傳授與分享，採階段性的方式逐步加深遊客對生態保育的認同，在解答遊客對複雜生態系統的疑慮之後，運用傳授與分享的方式重新建構環境行為的制約，因此可在滿足遊憩需求的同時，培養體驗大自然時應有的尊重態度和習慣。

台灣正積極推展生態旅遊

生態旅遊為全球觀光活動成長最快速的方式，加上台灣為一海島型國度，發展水域旅遊自是一大利多的觀光特色；旅遊專家郭岱宜所著《生態旅遊》一書便指出：「生態旅遊相對於大眾旅遊而言，是一種自然取向的觀光旅遊，並被認為是一種兼顧自然保育與遊憩發展目的的活動。」南投縣信義鄉部分布農族同胞將原住民狩獵文化規劃生態旅遊，發展社區產業。其他如：海洋生物博物館之旅、新竹內灣螢火蟲季、拉拉山神木之旅、台南黑面琵鷺季、客家桐花節等，都立下諸多觀光商機，足見生態旅遊的重要性。

交通部觀光局配合聯合國國際生態旅遊年活動，曾於二〇〇二年定為台灣生態旅遊年，推動生態旅遊年工作計畫，由十二個部會，共同推動六大策略，包括訂定生態旅遊管理機制、營造生態旅遊環境、辦理生態旅遊講習、推廣、宣傳等

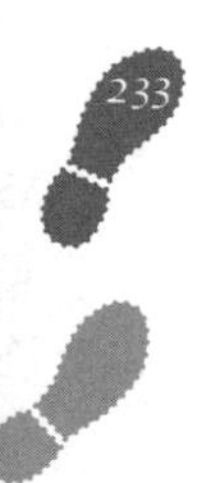

共六十二項生態旅遊具體措施，期能引起全國民眾關心，並注意環境保護問題。

同時，在推動生態旅遊之餘，除要顧及地主合法權益外，也要保護既有生態資源，使觀光資源得以永續提供觀光事業發展。

一九九五年行政院院會曾通過設立「金門國家公園」，是國內首座以保護珍貴史蹟與文化資產為主體的國家公園，範圍約三千七百二十公頃，占金門約四分之一的土地，幾乎囊括縣內最重要的景觀區、文化史蹟，以及觀光遊憩區。是以，地區要以觀光發展經濟，金管處內的資源是必須重視和利用的。

地區的觀光旅遊業，這些年來確實有所進展，然而，傳統的大眾旅遊思維，只知道反映市場對觀光客消費自然及文化資源的需求，以賺取最大利潤為考量，至於觀光景點是否能忍受大量遊客所帶來的環境及社會層面的壓力，則不被適當的考慮。

熱門的觀光景點，在每年龐大的旅遊人口的造訪下，必須承受相當大的負面衝擊，有可能導致觀光品質下降及市場萎縮。

為求永續經營，觀光發展應審慎評估並預防遊憩行為對自然生態，以及當地居民可能造成的負面衝擊，盡量減少對生態環境的破壞，做好保育工作，使當地自然生態與文化傳統的觀光資源得以保存，使觀光產業所維繫的資源，不至於因消耗而枯竭。

有鑑於此，生態旅遊的提倡以及生態旅遊包裝的行程，普遍具有下列兩項特

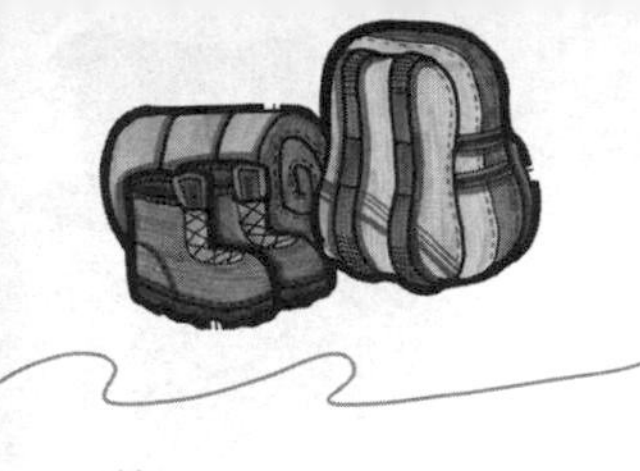

色：其一：強調獨特的自然與文化之旅，這種文化之旅的行程，往往安排到原始未開發的生態環境區，或者是與現代社會差異甚大的古鎮聚落區；其二：強調深度體驗自然生態與住民村落的生活。

自然環境和純樸村落提升觀光人數

自然環境和純樸村落，正是地區觀光資源的優點，為了使資源保育及觀光發展相輔相成，生態旅遊觀念的推展與規劃，正是提升地區觀光業層次的正確方向。

金門國家公園於幾年前委由文化大學景觀系執行「金門地區生態旅遊整體規劃」，日前也發表研究成果，認為金門的旅遊性質可分為組合式遊程、主題式遊程和特殊活動。其中，組合式遊程包括太武山、馬山區、古崗區、烈嶼區、古寧頭區等生態之旅；主題式遊程包括：戰役之旅、冬季賞鳥之旅、古蹟考察之旅等；特殊活動包括北山洋樓模擬巷戰、烈嶼戰鬥營、水頭傳統聚落生活聚場等。

誠然，生態旅遊是一種具有環境責任感的旅遊方式，保育自然環境與延續當地居民福祉，與發展觀光旅遊業同樣重要。因此，應當事先調查分析當地自然與人文特色、評估旅遊發展可能帶來的影響、擬定長期管理與監測計畫；並且規劃整套區域性的觀光及遊客管理計畫，以將可能的負面衝擊降至最低。

方法上，可限制遊客人數，並輔助地方原有產業，提供適當的社區回饋機

制，教育居民以瞭解保育地方資源與獲取經濟利益的正向關聯，必將有助於地方自發性的保育自然及文化資源。同時制定觀光收益的比例，用於保育及管理當地自然生態，提供遊客、旅遊業者及當地民眾適當的教育解說資料，藉以推動解說導覽工作，適時介紹生態、文化特色，以期提升大眾環境保育及文化保存的意識。

總之，要兼顧保育觀念與經濟開發，以達到繁榮地方，且可永續經營的目標，除了需要專家學者的規劃、政府的推動倡導、制定相關法規，觀光旅遊業的覺醒與配合外，還需要地方人士共同努力，唯有保育觀念深植到人心裡，地區居民關懷維護環境，才能順利推展生態旅遊，提升地區觀光品質。

台灣生態旅遊展望

中華民國永續生態旅遊協會曾在其成立大會的專題演講中，發表一篇題名為「台灣生態旅遊之展望」的講稿，更加凸顯出當前發展生態旅遊所面臨的觀光價值問題，該講稿特別強調：

二○○二年，全球宣告其年度為國際生態旅遊年之際，台灣也因應國際情勢，制定所謂推展公務員島內觀光的種種優惠措施，例如推廣周休二日的生態旅遊活動可以報帳等等。

然而，這些政策的立基，都建構在以生態旅遊之名發展台灣觀光產業，促進島內觀光能帶來的經濟效益之上。真正生態旅遊需要的全民教育，卻不見得完全向下落實，這也就是為何台灣觀光品質無法確實提升的主要原因。

雖然說，全民素養的提升是長久大計，但是有關當局是否能排除許多政治因素的考量，執行與規劃政策者的文化素質是否符合程度，卻是直接影響觀光政策的要素。

前幾年，政策規劃以台灣居民島內生態旅遊為主題，倡議興建全島登山步道、建架高空纜車；近幾年，又將目標轉向大陸觀光客，花東大理石玉石推廣中心驟然變成特殊觀光重點。這些設計的著眼點，還是離不開單純的經濟考量。

當然，很實際來說，生態旅遊的最終目標，還是提高福爾摩沙美貌能賦予台灣居民的經濟效益，但是短視近利的作法，不但只會快速消耗環境承載量，還會讓觀光客一生只願意到台灣一遭。

您看，許多的開發中國家，他們放諸國際的觀光廣告，往往是當地的青山碧水、美食、夜景等等，這些景色當然能吸引國際觀光客。反觀我們台灣，卻常常是那位高官站在鏡頭前，單調地說著歡迎來到台灣，這種沒有意思的話，怎麼能夠達到吸引遊客的目標呢？

只有擺脫政治的狹隘束縛，提升全民文化素質，為台灣規劃長久的觀光政策，台灣的觀光產業才有真正出頭的一日。

行銷不足阻礙發展

台灣寶島雖然擁有許多美麗的水域和自然生態的觀光景點，卻為甚麼不被外國人所熟知、所喜愛呢？這是因為旅遊的軟體建設相對於硬體建設，以及國際行銷或國內行銷都嫌不足的原因。

全球觀光景點非常多，若要讓外國觀光客優先選擇來台旅遊，必須將台灣特有、僅有的特色，強力行銷，然國內部分觀光活動，未能結合周邊景點或科學知識，彰顯台灣特有的旅遊特色，使得遊客好奇心降低參觀意願。諸如：桃園蓮花季僅強調蓮花之美與蓮花美食，對於蓮花葉片為天然「奈米科技」成品未能彰顯；又如大甲媽祖國際文化節，僅強調熱鬧場面，對於媽祖救苦救難的慈悲大愛，也未能強調其與西洋主要宗教的「博愛精神」相同。

同樣問題，對於桃園眾多埤塘，也未強調其為開發水庫的替代方案之一；對於南庄婦女結伴洗衣場，未強調此為村民守望相助的展現，同屬現代國際集體安全的觀念等，這些特色，本國多數民眾尚且不知，更遑論外國觀光客了。

另外，國外旅行社處處可見到泰國、馬來西亞、新加坡、日本等亞洲國家的觀光宣傳海報，相對於台灣的觀光宣傳海報或報導的能見度就少了許多。

外國旅客如果無法由專業旅行社獲得台灣觀光旅遊的資訊，則外國旅客就難以將台灣列入是否前來旅遊的路線之一了。交通部觀光局雖然曾經透過駐外單位，辦理台灣觀光國際宣傳，例如：以「Taiwan, Touch Your Heart」為觀光宣

傳標誌對外宣傳，在日本市場以「阿茶」（觀光局塑造的台灣形象人物，以「日本疲勞，台灣有效」為宣傳主軸）為代言人，塑造台灣觀光新形象，另於歐美六大城市宣傳台灣魅力。然而，台灣雄厚的經貿實力，以及高科技產品大量出口，使外國觀光客長期認為台灣以經貿為主、觀光為輔，致使外國觀光客對台灣有限的觀光宣傳，無法深刻留下台灣觀光旅遊的特色意象，更不可能將台灣列於第一優先的旅遊目標。

因此，有系統調查台灣各景點、節慶賽會的獨有特色，藉由外交、農、工、商、教育、社團等對外交流系統，制定更周延的多元行銷計畫，強力對外宣傳台灣特色，以吸引國外觀光客，都是亟待加強辦理的觀光要務。

目前各相關觀光業務單位，周周月月年年都有企劃辦理節慶觀光、宗教觀光、會展觀光、農漁特產觀光、藝文活動觀光、運動觀光、環保科技觀光等活動，但資訊分散由各主辦單位發布訊息，未能在活動舉辦前，建立到統一的資料庫內，以便於觀光客運用「關鍵字」上網或以電話查詢「主景點」連結當日當地區其他觀光活動，致使觀光行銷不足。

眾多遊客僅知悉某一地區的觀光活動，卻未必知悉當日該地區其他觀光活動，致使各景點間無以發揮相互拉抬，聯合行銷功能，交通部觀光局宜針對問題，統整各時期的觀光資源，以利遊客查詢，期使觀光人潮同時流動於多處觀光點，增加觀光產值。

但是，目前國內旅遊，僅以「國民旅遊卡」鼓勵公務人員國內旅遊，對於占有近半數旅遊市場的學生、家庭管理人員、服務及售貨人員則缺乏鼓勵機制，導致每年寒暑假來臨時，眾多學生都以出國觀光為優先選擇，這對扶植國內優質觀光產業，並非有利，交通部觀光局宜檢討改進。

旅遊期間人身安全的重要性

十分重視旅遊小細節的監察院調查委員詹益彰在接受作者訪問時表示，旅遊景點要做好給遊客便利與安全的措施，尤其人身安全的維護更重要。

曾經就讀日本明治大學法律系的詹益彰委員強調：「創造舒適、便利、安全的旅遊環境，是發展觀光旅遊最重要的事務，尤其景點的環境衛生與水源問題，更需要受到主管觀光業務的相關單位予於注意。」

走遍日本許多觀光景點區的詹委員，年輕時代即喜歡泡溫泉，對水資源與海洋生態格外重視，他說：「為了發展漁業與觀光，台灣沿岸建造太多大大小小的漁港，卻同時毀壞了大量的海岸沙灘，使台灣的海岸景觀頻遭破壞。」詹委員說：「有漁港卻沒有建造穩固的碼頭，甚至沒有碼頭，便開始發展水域活動或水域觀光，危險性極高。」

他舉遊客到花蓮搭乘賞鯨船卻因沒有碼頭好上船，必須如履薄冰般的走過簡陋的上船板為例，說明台灣發展水域觀光的缺失。他說：「當賞鯨船成為花蓮地區重要的觀光資源後，我們才發現這些停泊觀光專用船的地方，竟沒有設置穩固

而便利的碼頭，這是人身安全的問題，豈可被疏忽掉。」於是他建議花蓮港務局撥出一塊空地，在賞鯨船停靠的海岸，讓業者搭建一處簡便又舒適安全的乘船碼頭。

遊客的人身安全受到保護，水域觀光的特色也彰顯出來，不就兩全其美嗎？

詹益彰委員在接受本書作家訪談時，一再強調，沒有做好安全措施的觀光旅遊活動，即不是可靠的觀光事業，他說：「遊覽車出車前的管理與檢查維護、景點區的交通整頓、海洋遭到養殖業的污染、政府的基礎建設無法配合觀光、景點區攤販未強加管理與教育等，都是觀光發展進程中不容被忽略掉的安全考量。」詹委員說：「政府官員經常以考察名義出國，到底有沒有為台灣的觀光建設帶來助益呢？」

到印尼的峇里島旅行，入境後，即有身著印尼傳統服裝的少女為每一位旅客接機套花環，表示歡迎；到日本北海道旅行，入境後，即有相關人員在入境口處以甜蜜的笑容，分送每位旅客一包當地出產的牛奶糖或巧克力，以及北海道觀光旅遊小手冊。那麼，台灣呢？台灣用甚麼樣的面貌和態度，做為迎接外國觀光客的第一印象呢？

有朋自遠方來，我們拿甚麼給人家看？髒亂的夜市？沒有安全設施的乘船碼頭？業者強行拉客住房的不雅態度？

詹益彰委員說：「觀光發展必須注入文化特質，才能力求完善。」

第十一章　觀光事業的春花秋月

已故企業家溫世仁曾說：「台灣是美麗之島，兼具自然美景之勝與人文藝術之雅，這塊土地鍾靈毓秀，生長於斯的人們聰慧勤奮，自然與人文交織成錦繡圖像，為世界增添顏色，為人類帶來賞心悅目、悠然神往的心靈感動。」又說：「台灣經濟與社會的發展變遷，產業結構與就業機會產生『典範移轉』與『板塊位移』的現象，中高齡失業問題隱然若現，展望未來，發展觀光業實為解決失業問題與建立地方生財體系的有效對策。」

「因此，發展觀光業的首要工作就是將觀光景點的特色，有效傳遞給人們充分知悉，從而激起人們實地走訪的渴望與探求，易言之，誘發旅遊意願，進而邁入體驗經濟時代，確為提振觀光的前提。」他說：「利用資訊與網路的技術，將秀麗風景、自然生態、建設風華、人文藝術的豐厚蘊涵，藉由多媒體聲色並美地予以呈現，就是激發人們旅遊意願的最好方式。」

電視節目推波助瀾行銷台灣

台灣許多電視節目，不論以旅遊報導的型態呈現，如「大腳走天下」、「天下第一等」、「用心看台灣」、「台灣腳行大陸」、「世界那麼大」、「冒險王」、「歐吉桑遊台灣」、「地球萬萬歲」、「日本再發現」等；或者以文化教育、美食介紹、綜藝節目的型態呈現，如「台灣全紀錄」、「在台灣的故事」、「草地狀元」、「在中國的故事」、「台灣尚青」、「冒險奇兵」、「美食大三通」、大愛台「發現」等，以及電腦網頁上各類的「休閒玩家旅遊網」與日本台的旅遊節目等等，這種以「類置入式行銷」的方式，把國內外著名的觀光盛景，詳盡的介紹給觀眾認識，的確為觀光旅遊業帶來無以量計的宣傳效果。

就連老少咸宜的劇情片，無論偶像劇或連續劇，故事發生的所在地，也都有可能成為新的觀光景點。獲得二〇〇八年榮獲日本亞洲海洋影展首獎、路易威登夏威夷影展劇情片類首獎（金蘭花獎）的「海角七號」，不但在台灣締造四億以上新台幣的票房（結算至二〇〇八年十二月四日），同時讓拍攝地屏東恆春成為近年來觀光人潮最旺的地方，戲中男主角「阿嘉」的家串連恆春老街，變成屏東農特產老街，觀光客絡繹不絕。偶像劇「綠光森林」的收視高漲，連帶拍攝地點關西的「新竹探索森林」，後來也成功地成為年輕族群旅遊的勝地，遊客大增。「天國的嫁衣」拍攝地桃園大溪富田農場，也成為觀光景點。「命中注定我愛你」收視奏捷，就連在劇中被取名叫「薑母島」的桃園縣石門水庫上游的阿姆坪，也快速成為年輕人相約旅遊的觀光去處。「王子變青蛙」劇情當中出現的宜蘭農場，也因電視劇播出，成為觀光旅遊景點，假日時遊客絡繹不絕。電影「不能說的祕密」拍攝地淡江中學，假日時前往走訪的年輕遊客川流不息。其他如：

「雪天使」拍攝地苗栗飛牛牧場、「愛情魔髮師」拍攝地台北福華翡翠灣、「海豚灣戀人」拍攝地澎湖吉貝島、「貧窮貴公子」拍攝地平溪鄉菁桐太子賓館、「原味的夏天」拍攝地澎湖險礁嶼、「愛情魔戒」拍攝地南投碧湖，都曾吸引大批年輕族群前往觀光旅遊。

偶像劇為觀光旅遊促銷，韓國的例子更盛，台灣觀眾熟悉的「浪漫滿屋」拍攝地水氣海水浴場和茅島雕刻公園、「宮」的主要外景地明洞和烏山布景、「紅豆女之戀」的拍攝地愛寶樂園、「巴黎戀人」拍攝地南山公園、「咖啡王子1號店」拍攝地首爾弘益大學附近一家咖啡廳，都曾經成為旅行社出團必到旅遊地。其中，歷史劇「朱蒙」更為劇情的取景地點全羅南道帶來超過約合台幣二十五億元的觀光和經濟效益收入。

電視節目推波助瀾的為觀光旅遊做行銷，其效應確實難以估計。

「面」的主張是觀光建設要點

被全球自助旅行者奉為旅遊聖經的《寂寞星球旅遊指南（Lonely Planet）》一書，是全世界自助旅行者出國旅行的「生存指南」。台灣的溫泉旅遊，也是這本指南書提出的主要景點。

寂寞星球列出自助旅行者最愛的台灣溫泉前十名，依序是：礁溪、泰安、苗

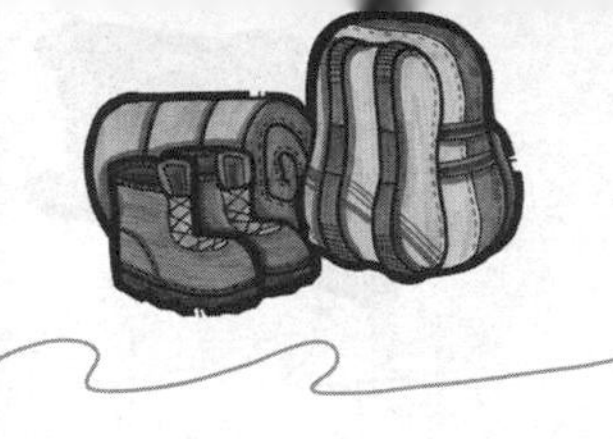

栗獅頭山東江溫泉、金山天籟溫泉、南橫栗松溫泉、北橫四稜溫泉、寶來溫泉、北投溫泉、綠島朝日溫泉、蘇澳冷泉。礁溪獲得第一名的最重要理由是交通方便，一出火車站就是溫泉小鎮，可見公共交通系統是自助旅行者最仰賴的旅遊方式。

書中還不忘虧了台鐵一句：很不準時！

當然，沒有統一的英文路標，使外國觀光客來台，看不懂，也摸不清方向，是國際觀光旅遊的一大敗筆；同時，沒有一份可以信賴的地圖，更使得國外來的觀光客無法確切的「按圖索驥」，放心的旅行，也是發展觀光旅遊的一大問題。

觀光局或者是高公局、鐵路局理當印製相關各地的觀光旅遊地圖、位置圖，放置在明顯之處，供國內外遊客免費索取。

台灣發展觀光的過程中，固然應運而生出旅遊上面不少的枝節問題，然而，對於旅遊資源充沛的台灣來說，依舊充滿著無限美好的遠景。

監察院調查委員趙榮耀在接受本書作者訪談時，即強調：「台灣的觀光景點雖美，但整體性的建設卻不夠好，這是政府在規劃觀光產業未盡周全的緣故。」

趙委員說：「觀光產業是一種服務業，為了能吸引更多的外國觀光客來台旅遊，政府在處理觀光事務上必須著眼於遠大的視野，或與民間做策略聯盟，從基本的觀光景『點』，放眼做到觀光的美麗景『面』，同時施以人文內涵在景點之

中，才能產生觀光景點的文化特色。」

趙委員舉印尼的峇里島為例說：「觀光客到峇里島旅遊，除了享受山光水色，飽覽經過規劃的整體遊覽設施之外，還能藉由旅遊行程認識當地的文化特質，從而在藝術、文化和宗教的豐盛內容中，感受峇里島的深度特色。」

「這就是觀光旅遊從點到面衍生出來的價值。」趙委員說。

那麼，台灣在發展觀光旅遊過程中，被刻意忽視的特色與價值又在那裡呢？

趙委員認為：「必須從點推展成面的觀光特質，把台灣的文化特性清楚的表露出來，才能使觀光客看見台灣真正的美和真正的好。」

「例如：可以從台北到新竹，發展出一條『台灣文化走廊』，或者從嘉義到高屏發展出一條『台灣歷史走廊』。」趙委員說：「經由北中南和東部的整體規劃，這即是台灣觀光旅遊『面』的延伸。」

當然，發展觀光旅遊產業過程中，關於風景區攤販氾濫、衛生環境未臻進化、台鐵縱貫鐵道兩旁髒亂的建築觀瞻、美麗的山林遭山老鼠盜伐、風景區車資和紀念品被胡亂哄抬物價等觀光旅遊時經常會遇見的現象，趙榮耀委員認為相關單位必須多加重視並力求改善，才能提升台灣觀光旅遊的產能。

「以民俗特色強化觀光價值，也是塑造台灣觀光旅遊的形象與特色的方式之一。」趙委員以日本營造中元祭熱鬧的場景與氣氛，進而促進國際性的觀光價值

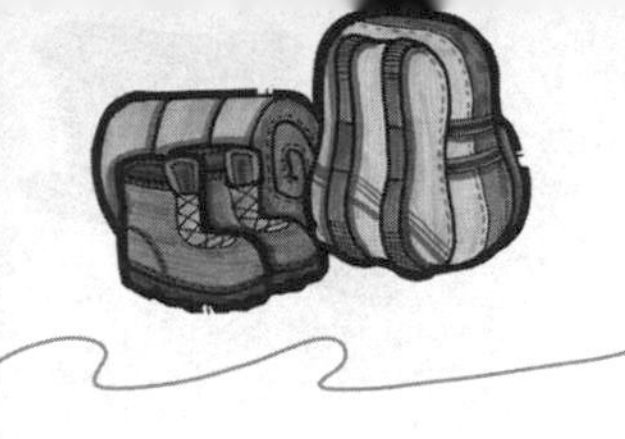

為例說：「台灣有年節，卻未被彰顯出來，每一年的春節，台北人口少掉一半，年的熱鬧氣氛不見了，多可惜。」對事物觀察入微的趙委員說：「如果能把元宵的燈節提前在春節前數日開始，然後延續到正月十五日，整整半個月的年節燈會，不但強化台灣年節的熱鬧氣氛，同時創造出獨具特色的觀光價值，對吸引外國觀光客來台旅遊，必然產生正面的效益。」

「行政院施行的觀光客人口倍增計畫，實行起來固然困難重重，假若能全心全意徹底執行，台灣的觀光資源成為國際觀光客湧進的能量，並非不可能。」趙委員說。

《中國時報》一篇題名叫〈歡迎全世界／促銷台灣旅遊〉的報導中，特別以大篇幅的文字提到發展觀光「無論從那一方來看，台灣都有充分的資源。」

這一篇報導如此敘述：

> 台灣可數的觀光景點，國人大概都耳熟能詳，但由於大自然的秀奇，台灣還有「森林博物館」之稱，土地單位面積的物種之豐，排名世界前茅，單以蕨類為例，台灣一地的種類就超過北美洲數倍，台灣尚有「人類學博物館」的美名，穿梭古今，民族薈萃，台灣的魅力，事實上有些我們還不知道，但是環境污染、令人望而生畏的交通與短視的政策，卻讓台灣的觀光魅力顯得捉襟見肘。

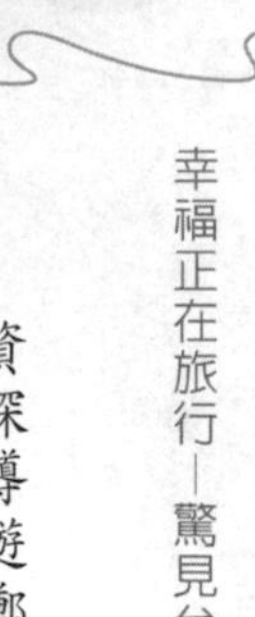

資深導遊鄭國榮指出，台灣雖有足以自豪的美麗海岸，其中「翡翠灣」等，甚至可媲美夏威夷，政府卻坐視周邊濫墾、濫建，弄得整體景觀奇醜無比，令人痛惜。至於阿里山、日月潭等具有代表性的景點，數十年來也沒有太大的進步，重遊的外國客人看來看去，多年下來，只剩下故宮博物院等堪稱看不膩的景點而已。

東南旅行社協理許永裕表示，台灣的旅遊產業確實需要面對重新整合的問題，以迎合越來越多變的市場生態，以長期為外國主力客源的日本旅客為例，其生態變化，如：傾向自主行、族群年輕化等，都是反映國際趨勢的正常現象，為了迎合市場，業者無疑應迅速自我突破，包括：設計出具有都會感的行程，以及滿足年輕客層對「體驗」台灣人文、風土的嚮往，增加山地健行、認識大自然等活動，而無論從那一方面來看，台灣都有充分的資源。

但相關法規窒礙，加上政府預算微薄，卻讓有心的業者深感力不從心。許永裕認為，國內的觀光政策亟待突破，例如：海岸、溫泉區等開發，向來關卡重重，缺乏有效整合，非常可惜，政府不妨考慮以租借或其他方式與民間合作，以創造更活潑的觀光產業。

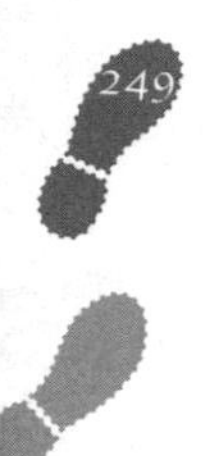

觀光政策改善須積極推動

行政院經濟建設委員會曾於一九九〇年起，分四年編列三十九．八億元開發西部濱海公路二十七處遊憩區及於台三線開發十八處觀光點，嗣行政院推動「觀光客倍增計畫」，欲發展台灣為永續觀光的「綠色矽島」，以及二〇〇八年達到來台旅客五〇〇萬人次的目標，其觀光政策與改善要點分別為：

- 以本土、文化、生態的特色為觀光內涵，配套建設，發展多元化觀光。
- 減輕觀光資源負面衝擊，規劃資源多目標利用，建構友善旅遊環境。
- 健全觀光產業投資經營環境，建立旅遊市場秩序，提升觀光旅遊產品品質。
- 迎合國內外觀光不同的需求，拓展觀光市場深度與廣度，吸引國際觀光客來台旅遊。
- 針對觀光市場走向，塑造具台灣本土特色的觀光產品，有效行銷推廣。
- 提升觀光服務水準。
- 建設優質觀光旅遊設施。
- 提供友善旅遊環境。
- 開創台灣觀光新形象，強化國際行銷。
- 建設台灣成為「觀光之島」、「亞太休閒中心」、「觀光王國」。

除此之外，外籍旅客持有「非中華民國國籍的護照、無戶籍的中華民國護照及入出境證」者，購買特定貨物，至台灣向經核准貼有核准銷售特定貨物退稅標誌（TRS）的商店，當日同一家購買可退稅貨品達新台幣三千元以上，並在三十天內將隨行貨物攜帶出境者，可在設置於機場或港口的海關「外籍旅客退稅服務檯」申請退稅。

另外，加強辦理國際觀光宣傳推廣工作，則依市場特性分別擬訂不同主題與策略進行推廣，以拓展國際客源，邁向倍增目標。

這項觀光政策的改善要點還強調，輔導具發展潛力的地方民俗活動，提升地方節慶活動規模國際化，並與周邊景點配套推廣、加強國內外宣傳，吸引遊客參與；同時以套裝旅遊路線概念規劃十一處國家風景區中長程建設計畫，並積極執行。

政策中還訂定「二〇〇四年台灣觀光年行動計畫」，推動「人人心中有觀光」運動，設計台灣旅遊產品開發計畫，期掀起全民推展台灣觀光的熱潮，打造台灣觀光新形象。

為了實現台灣觀光新形象，發展觀光旅遊必須注意公共設施的維護與安全問題，其中包括環境整潔維護、公廁整潔維護、海岸清潔維護等。

至於觀光事業管理與輔導，監察院的調查報告也提出相關議題，其中包括：

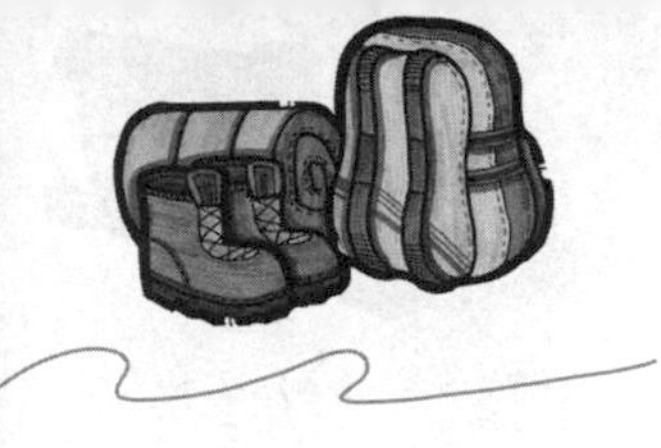

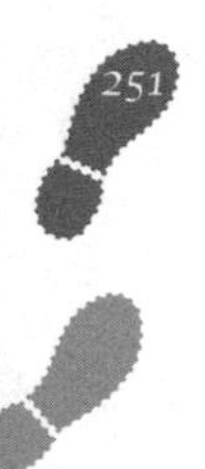

旅行業輔導與管理、辦理大陸地區人民來台從事觀光活動業務、觀光旅館業輔導與管理、辦理一般旅館品質提升計畫、節慶觀光與國民旅遊事業管理推廣、建置旅遊資訊服務網、觀光從業人員培訓情形、辦理導遊與領隊人員甄試及訓練、辦理旅行業經理人資格訓練、旅行業從業人員在職訓練、建教合作培育觀光人才、觀光旅館從業人員訓練、辦理「旅館業經營管理人員研習會」、設計CHS證照培訓課程、訂定「旅館評鑑制度」暨「旅館評鑑標準表」、建置鐵路觀光旅遊線、台十一線東部濱海公路改善計畫、台二十七線水冬瓜至屏東段拓寬改善計畫、台中港中一路北段及北堤路新建工程、花蓮航空站航廈擴建工程、屏東航空站設置計畫等。

改善方案甚至提到辦理金崙、北投、烏來、泰安、蘇澳、清泉、四重溪、礁溪、關子嶺、知本、廬山、東埔等溫泉區資源調查、系統規劃、鑽井、沉澱池工程、管線改善、鑽井及環境景觀改善工程。

其中，台北縣政府也自二〇〇四年九月起辦理：「烏來溫泉觀光整體開發計畫（共五期）」，使中央與地方均能合作開發觀光資源，以提升溫泉遊憩品質，開創旅遊新契機，並引導業者投資，增加旅遊收益，未來將以重點示範溫泉區完成整體配套改善工做為優先。

觀光旅遊巴士則於二〇〇三年十二月二十九日正式啟動，目前計有二十五條

路線，並完成專屬形象識別標誌及中、英、日文摺頁的觀光導覽手冊。

受到各方矚目的「南迴之星」環島觀光列車，早於二〇〇三年八月十五日通車，環島鐵路觀光列車的目標即已達成；目前計有花蓮觀光列車、溫泉公主號、墾丁之星、南迴之星等觀光列車，配合花蓮縣政府推動的「洄瀾二〇一〇創造花蓮永續發展願景規劃」推出「觀光」、「生活」、「無毒農業、文化創意、綠色生技」等五大產業發展計畫，可使花蓮縣的觀光產業更加興盛。

「南迴之星」環島觀光列車之外，台灣鐵路管理局更推出頂級環島觀光列車—「寶島之星」，並邀請前日本東京都知事石原慎太郎於二〇〇四年十月二十六日來台，參加「頂級環島列車」的首航團，隨行尚有富士電視台等日本多家媒體，全程拍攝及紀錄，為頂級台灣鐵路環島列車之旅做最佳宣傳。

台鐵頂級環島列車座椅加大，舒適便捷，列車設有卡拉OK設備免費歡唱，並配合行程提供各地名產、台鐵便當、免費高級紅酒、香檳等飲料供遊客品嘗，旅程沿途可欣賞台灣各地風情，貼近人文與生活，並搭配花蓮遠來、台東知本老爺、南投涵碧樓等五星級觀光旅館食宿，提供最頂級行程規劃。

改善方案中還提及，目前已完成旅遊服務中心意象識別標誌，輔導完成高雄國際機場、台北松山機場、台北火車站、台中市興中轉運站、嘉義火車站、恆春機場、台東機場、花蓮機場、基隆火車站、台南火車站、台南機場、花蓮火車

站等地的旅遊服務中心外觀與服務品質；同時自二〇〇四年五月一日起，啟用二十四小時中英日免付費旅遊諮詢服務熱線電話〇八〇〇—〇一一七六五（Call Center）為遊客服務。

其中，台南火車站現已規劃為「南台灣文化觀光產業交流中心」，未來可提供觀光景點、住宿資訊及古蹟地圖等觀光導覽資訊，並設置有「資訊行政區」、「文藝資訊區」、「數位虛擬遊憩區」、「文化交流展演區」等。

改善方案還包括輔導救國團所屬十四家青年活動中心及三十七家一般旅館加入國際青年之家體系，以提供國際青年族群自助旅遊者平價住宿設施，並輔導二十六家旅館業者加入「台灣精緻商務飯店聯盟」，提供房間數超過三、〇〇〇間，做為推動觀光發展的住宿新指標。

清潔方面，太魯閣所屬的台八線沿途，目前雇有清潔工，每日騎乘機車做沿路清掃工作，一方面創造就業機會，另方面對於觀光旅遊區的環境整潔觀瞻助益良多。

除此之外，對於趙榮耀委員於上述所提「台鐵縱貫鐵道兩旁髒亂的建築觀瞻」的意見，可從台鐵支線做起，如集集線、內灣線，甚至桃園國際機場到國道中山高速公路兩旁的建築景觀著手整頓，對美化台灣的門面與旅遊觀感，必能產生好的效應。

努力達成觀光客倍增目標

提振觀光旅遊的過程中，觀光飯店、民宿問題，鐵路交通問題，遊覽車服務品質與停車問題，一連串旅遊的相關問題，觀光局和各縣市政府所屬觀光科，對於改善和整建台灣的觀光產業，的確需要更加盡心盡力，運用智慧與創意，把台灣美好的觀光資源推廣到全世界，以期帶動觀光熱潮，創造新的觀光經濟奇蹟。

「對民眾和旅行業加強觀光教育，包括旅行時的人身安全措施、風景區的安全設施以及遊覽車司機的安全檢查等，都是發展旅遊過程中，最不容疏忽的觀光體檢。」調查委員趙榮耀強調說。

台灣於二〇〇三年雖然曾經遭受SARS疫情衝擊，來台旅客目標經過數度下修為二二〇萬人次，經推動「後SARS觀光復甦計畫」，針對日本、港澳、新馬、韓國、歐美等主要客源市場，辦理各項宣傳、推廣、促銷活動，總計吸引了二百二十四萬八千一百一十七人次的國際旅客來台旅遊，達成下修的目標。

二〇〇四年為台灣觀光年，曾經期待藉由全民做個好幫手、好推手、好主人的共識，配合對外宣傳與促銷，使得來台旅客人次提高到三百二十萬人次。

二〇〇八年七月，開放大陸人士來台觀光也已展開，為了達成觀光客倍增的目標，觀光主管單位以穩定主要客源市場日本、港澳、美國為優先，進而拓展新

興市場，如：中國、韓國、星馬等東南亞地區，同時開發長程潛在的市場歐洲、紐澳為主要策略，並以宣傳、推廣、促銷的手法，針對不同目標市場，辦理國際觀光行銷宣傳工作，期使台灣的觀光旅遊達到二〇〇八年、二〇〇九年每年來台遊客五百萬人次的目標。

努力達成觀光客倍增為目標的同時，寄望觀光單位能再造旅遊新優勢，給予國人和來台觀光的外國人，一個優質的旅遊環境。

國家圖書館出版品預行編目資料

幸福正在旅行：驚見台灣之美／陳銘磻著. 攝影
初版. –臺北市：商周編輯顧問, 2008.12
面；　　公分
ISBN 978-986-7877-26-0（平裝）
1.旅遊 2.臺灣遊記

733.69　　97025459

幸福正在旅行—驚見台灣之美

作　　者／陳銘磻
著作權人／監察院
發 行 人／商周編輯顧問股份有限公司
出 版 者／商周編輯顧問股份有限公司
地　　址／台北市中山區民生東路二段141號4F
電　　話／02-2505-6789#5510

總 編 輯／孫碧卿
編輯總監／沈文慈
責任編輯／林淑媛
封面設計／李青滿
內文印刷／沈氏藝術印刷股份有限公司
出版日期／2008年12月 初版一刷

定價 350 元